MATEMÁTICAS

CUADERNO DE ACTIVIDADES

2º PRIMARIA

DAN LIPSCOMBE
Y BRAD THOMPSON

INTRODUCCIÓN

CÓMO USAR ESTE LIBRO

¡Bienvenido a una experiencia educativa muy emocionante! A través de estas páginas vivirás una serie de aventuras que te llevarán por el increíble mundo de Minecraft al mismo tiempo que mejorarás tus habilidades matemáticas. Gracias a este cuaderno de actividades, que sigue el currículo actual de matemáticas para niños de 6 a 7 años (2.° Educación Primaria), visitarás lugares fascinantes donde nuestros héroes se embarcarán en diversos proyectos de construcción y buscarán tesoros con audacia... ¡a la vez que mantendrán a raya a esas molestas criaturas!

A medida que avances en cada aventura, irás resolviendo problemas basados en distintos temas y a cambio obtendrás una cierta cantidad de esmeraldas que podrás canjear en la última página. Las preguntas más complicadas están marcadas con este icono y ampliarán tus conocimientos. Las respuestas se incluyen al final del libro.

Nota: Cuando hagas los ejercicios de este libro, tal vez necesites el apoyo de un adulto para comprender bien las explicaciones o proporcionarte ayuda adicional.

CONOCE A NUESTROS HÉROES

A Jacob le gusta construir y fabricar cosas grandes y pequeñas... ¡y todo lo que hay en medio! Como siempre está muy atareado, suele tener hambre. Y como su color favorito es el verde, para él hallar esmeraldas en sus aventuras es algo... ¡maravilloso!

A Cali le encanta explorar cuevas para buscar minerales valiosos. En cuanto ve una cueva abierta donde asoma el brillo del hierro, enseguida va para allá con su pico. Su color favorito es el dorado... ¡porque es el del oro, por supuesto! A Cali también le encantan los animales.

Jacob y Cali tienen dos amigos, Maya y Oscar, también apasionados de las matemáticas. En este libro solo aparecen en una aventura, pero en los siguientes tendrán más protagonismo. Aquí viajan hasta los páramos, uno de los biomas más raros.

Editado por HarperCollins Ibérica, S. A., 2025
Avenida de Burgos, 8B - Planta 18
28036 Madrid
www.harpercollinsiberica.com
Publicado originalmente por Collins, un sello de HarperCollins*Publishers*

Autores: Dan Lipscombe y Brad Thompson
Coordinador: Richard Toms
Diseño: Ian Wrigley y Sarah Duxbury

Agradecimiento especial a Alex Wiltshire, Sherin Kwan y Marie-Louise Bengtsson de Mojang y al equipo de Farshore

ISBN: 978-84-19802-78-1
Depósito legal: M-7914-2025
Maquetación: Gráficas 4
Impreso en España

Producto de papel FSC™ certificado de forma independiente para garantizar una gestión forestal responsable.

ÍNDICE

LOS NÚMEROS Y EL VALOR POSICIONAL

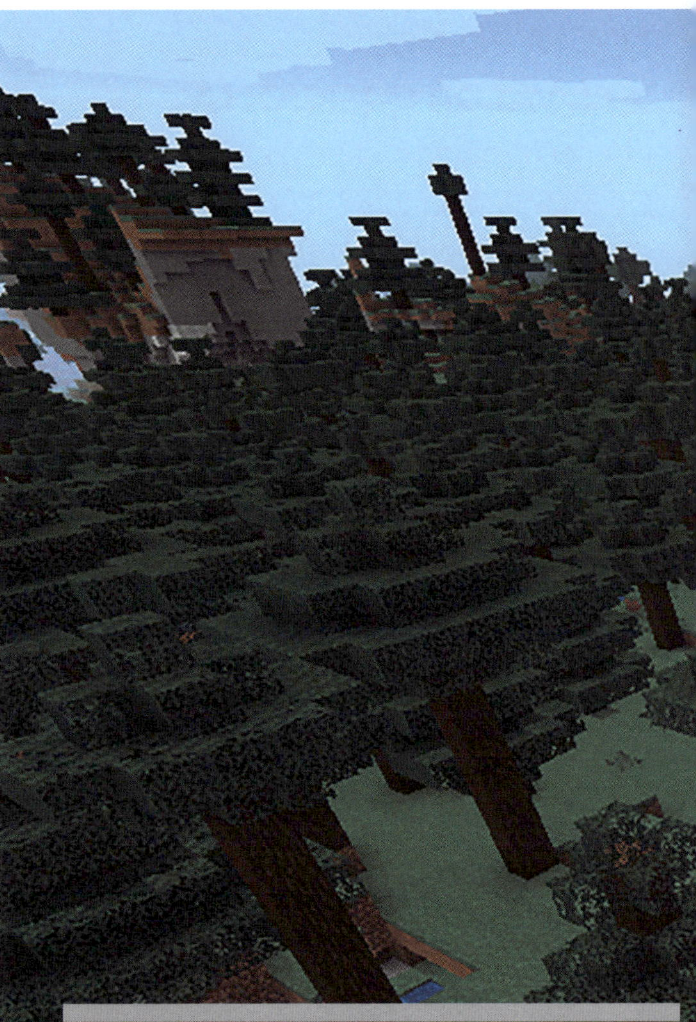

LOS ALTOS ÁRBOLES DE LA TAIGA

La taiga es un bioma frío donde abundan los abetos altos que tienden a crecer muy juntos. Estos árboles cuentan con unas ramas frondosas. Tal vez te topes con algún zorro dormido hecho un ovillo o incluso con algún lobo. Y quizá puedas ver algún conejo dando saltos.

LA BÚSQUEDA DE COMIDA

La hierba de la taiga es más oscura que la de las llanuras. En algunas zonas, hallarás algunos helechos que pueden cortarse para conseguir semillas de trigo. Las calabazas brotan en grupos y las bayas dulces crecen en arbustos repletos de espinas.

CÓMO SOBREVIVIR DE NOCHE

Caminar aquí de noche es peligroso, ya que las hojas de los árboles te impiden ver a las criaturas hostiles o los agujeros del suelo. Puedes talar un árbol para construirte una cabaña en la que pasar la noche, pero puede que acabes llegando a una aldea.

LA BÚSQUEDA DE UN HOGAR

Como los saqueadores le arrebataron su antigua casa, ahora está buscando una casa en un lugar más tranquilo. Mientras recorre a pie el Mundo superior, Jacob divisa un grupo de edificios que sobresalen entre los árboles. Tal vez pueda construir su casa cerca de ellos.

NÚMEROS PARES E IMPARES

Resulta fácil perderse entre los laberintos que forman los árboles de la taiga. Por suerte, Jacob se orienta muy bien. De camino a la aldea, ve animales de todo tipo. Fíjate en los dibujos de estos animales para contestar las preguntas 1, 2 y 3.

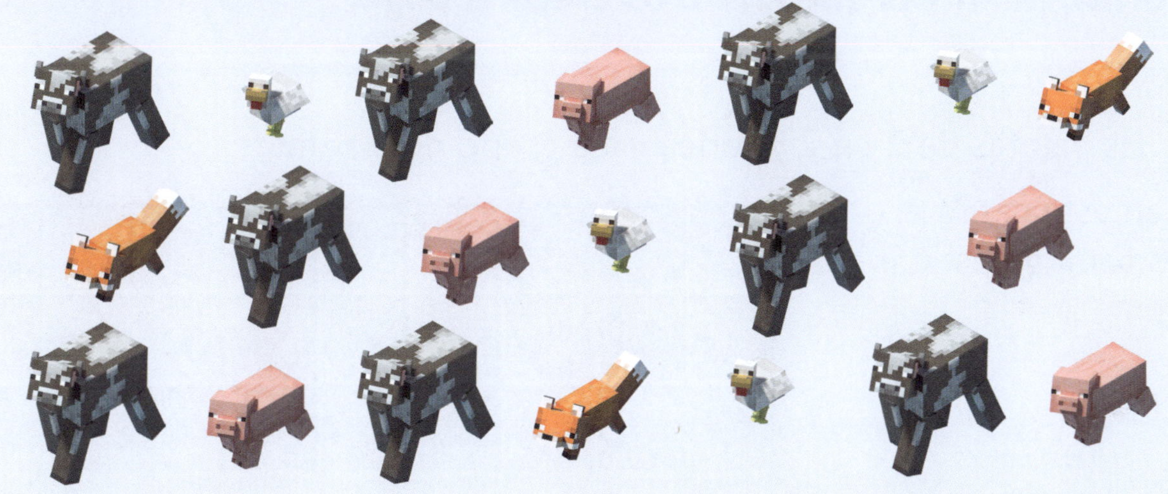

1

Cuenta las vacas.

¿Cuántas vacas puedes ver? Anota el número en la casilla.

2

Jacob afirma que el número de vacas que hay es par. Marca con un ✓ si es **verdad** o **mentira** lo que ha dicho.

Verdad ☐ Mentira ☐

3

Anota si es **par** o **impar** el número de cerdos, gallinas y zorros que ves.

a) Cerdos ....

b) Gallinas ....

c) Zorros ....

COLOREA LAS ESMERALDAS QUE HAYAS GANADO

CUENTA DE 2 EN 2, DE 3 EN 3, DE 5 EN 5 Y DE 10 EN 10

Jacob llega a la aldea y ve que algunas de las casas cuentan con unos pequeños huertos. En gran parte de ellos, crecen las patatas y las zanahorias, mientras que en otros crece el trigo.

1

Cuenta las patatas de 2 en 2 y rodea cada grupo de 2 patatas.

Anota en esta casilla el número total de patatas que hay.

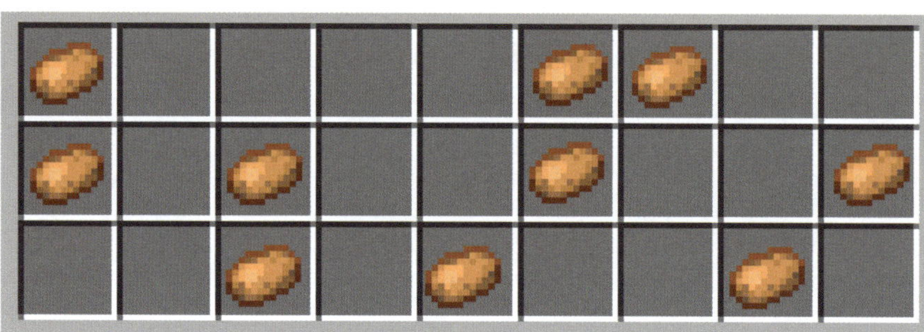

Cuando el trigo ya ha crecido, un aldeano puede utilizarlo para hacer pan. Para obtener una barra de pan, se usan 3 bloques de trigo.

2

Los dibujos muestran cuánto trigo necesita un aldeano para hacer pan.

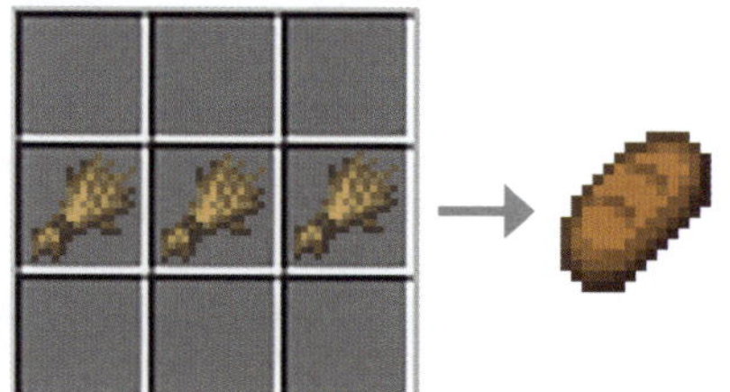
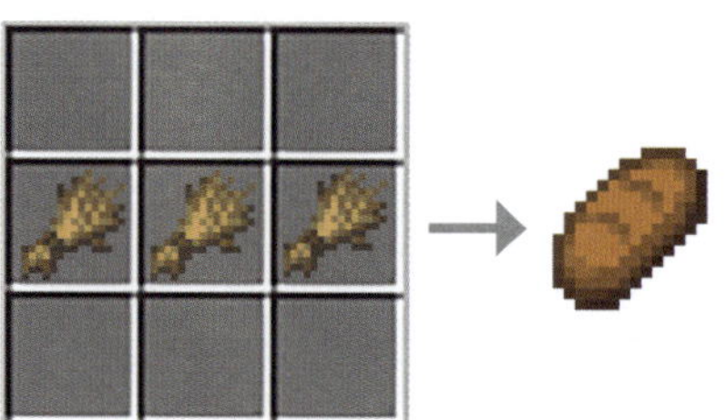
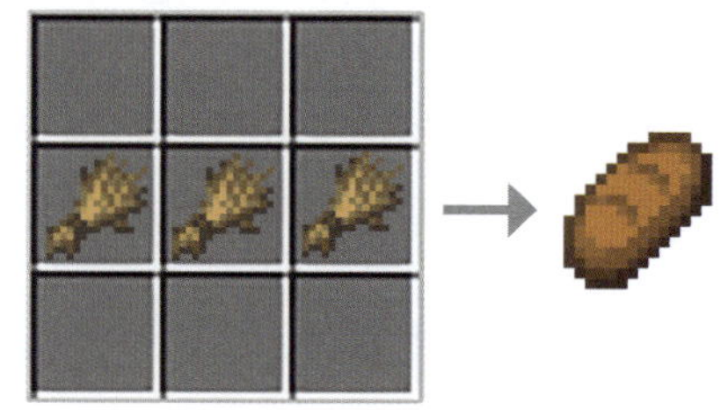
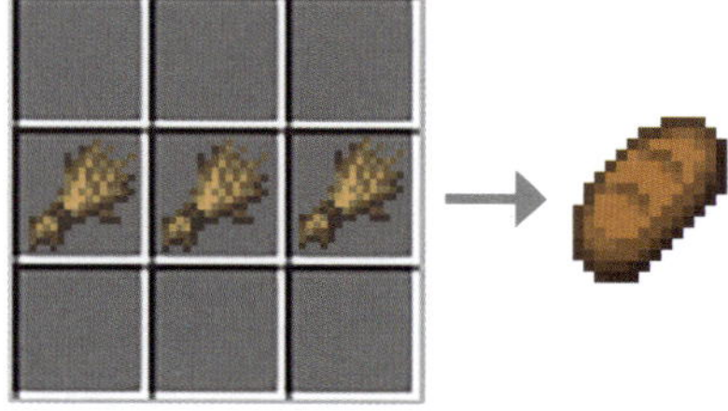
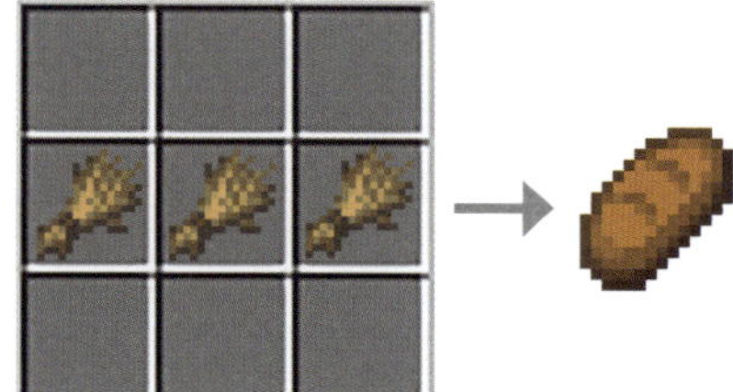

a) ¿Cuántos bloques de trigo se usan en total?

b) ¿Cuántas barras de pan se pueden obtener en total?

Jacob se encuentra con un aldeano que va vestido con ropa de granjero y tiene muchas zanahorias a la venta.

3

Cuenta las zanahorias de 5 en 5.

¿Cuántas zanahorias hay?

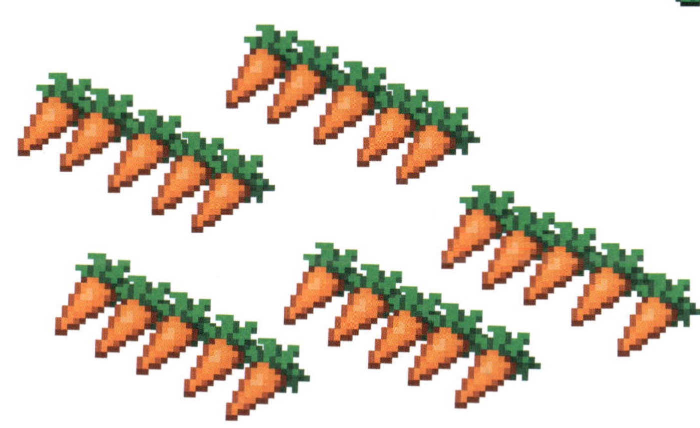

También tiene calabazas distribuidas en filas de 10 calabazas cada una.

4

Cuenta las calabazas de 10 en 10.

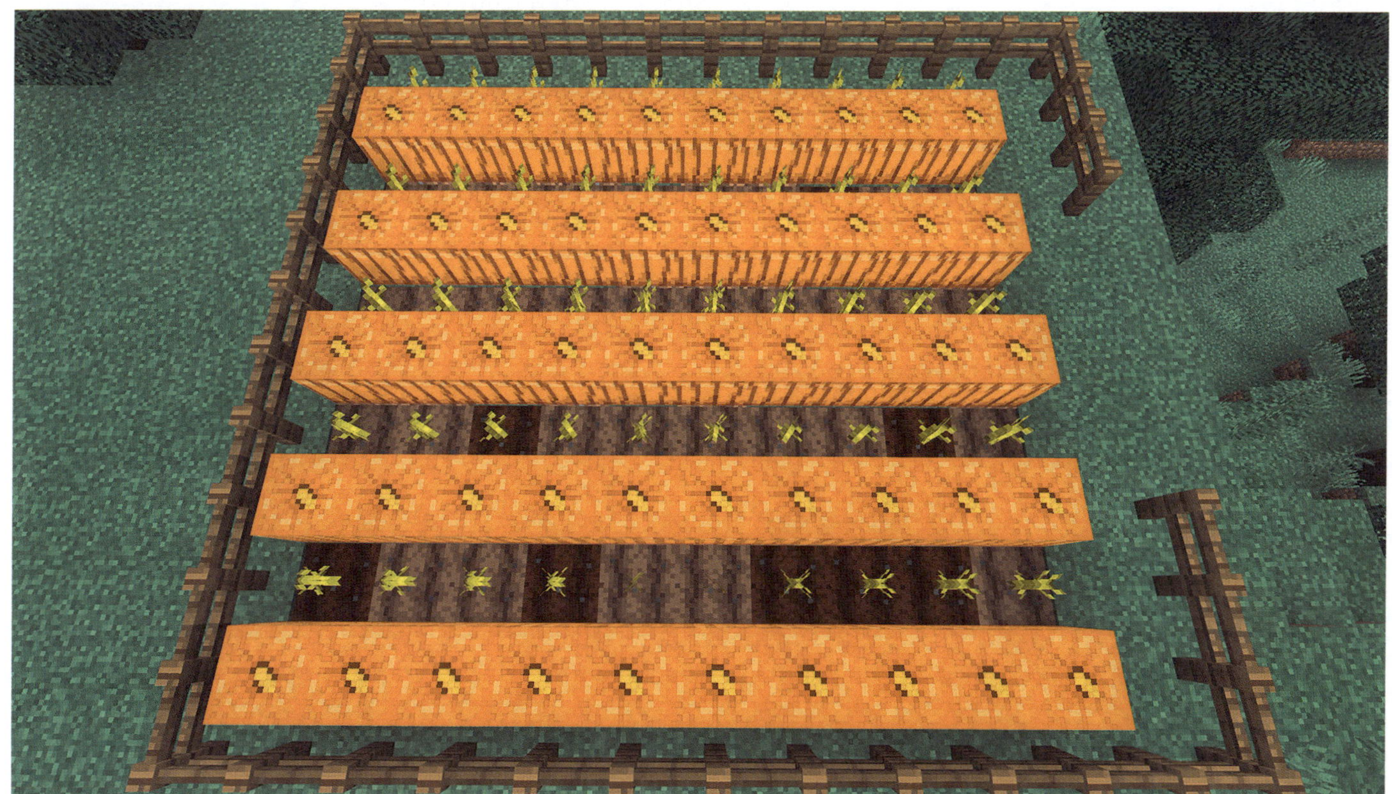

Anota en la casilla el número total de calabazas que hay.

COLOREA LAS ESMERALDAS QUE HAYAS GANADO

CUENTA DEL 1 AL 100 Y DEL 100 AL 1

Como a Jacob le gusta lo que ve en la aldea, busca una zona donde el suelo esté plano para construir su casa nueva. Usará la madera de los abetos que tiene a su alrededor para levantarla.

Los bloques que forman el perímetro de la casa de Jacob están numerados del 1 al 100. Faltan cinco números. Anótalos en las casillas de abajo.

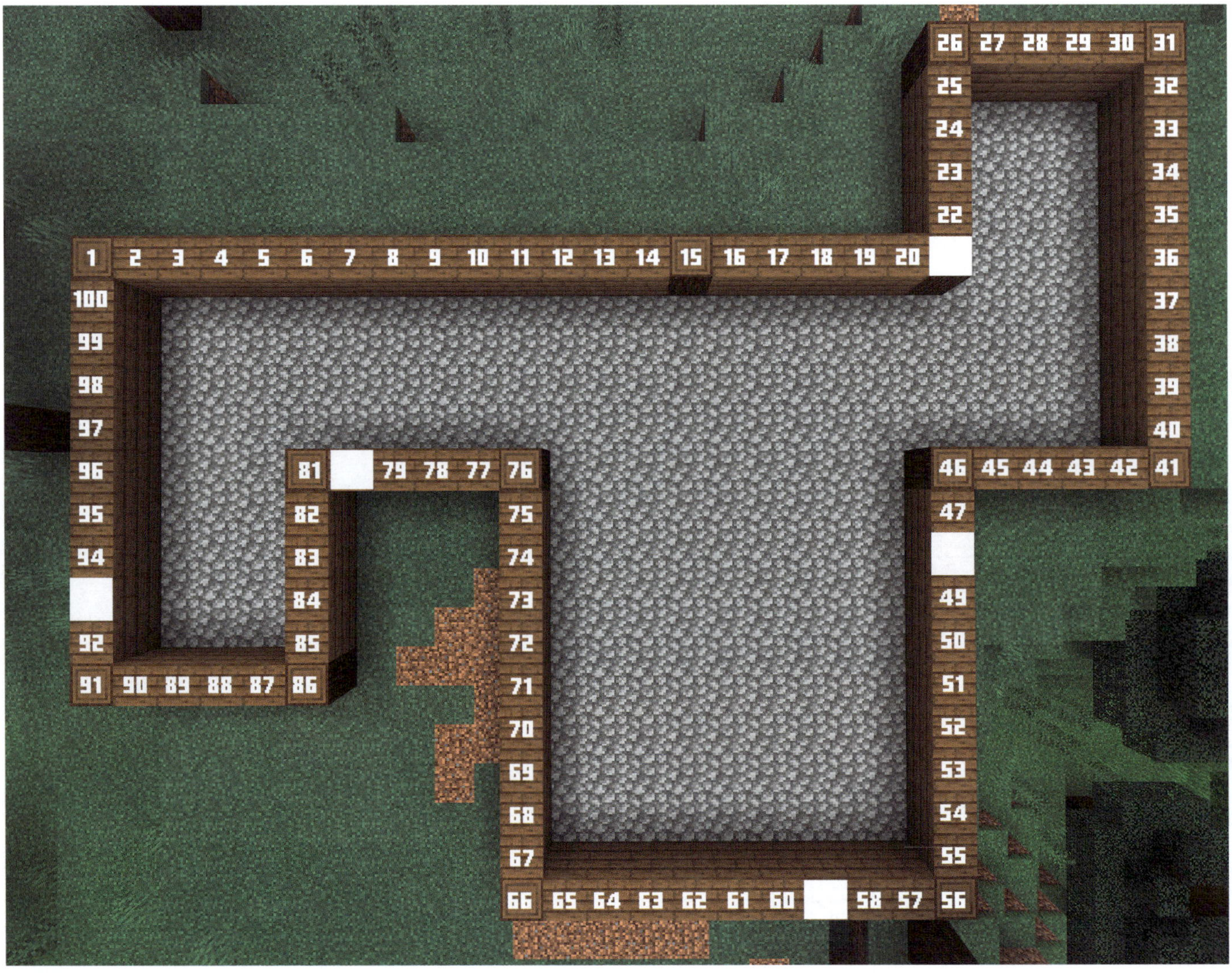

Jacob ya ha construido la planta baja de su nueva casa. En breve, añadirá otra encima. Pero antes quiere delimitar la zona donde estará su granja. Tiene que medir el terreno y dejar marcados los sitios donde colocará unas vallas. Ayúdalo a hacer los cálculos.

2

Jacob mira el bloque 67 del perímetro de la casa y cuenta hacia delante.

Anota el número del bloque en que termina en cada caso.

a) 7 bloques ☐

b) 13 bloques ☐

c) 19 bloques ☐

3

Jacob mira el bloque 45 y cuenta hacia atrás.

Anota el número del bloque en que termina en cada caso.

a) 8 bloques ☐

b) 15 bloques ☐

c) 20 bloques ☐

COLOREA LAS ESMERALDAS QUE HAYAS GANADO

REPRESENTACIÓN DE LOS NÚMEROS

Jacob quiere descansar para comer, pero necesita algunos bloques de carbón para encender el horno y poder freír la carne. Tras hallar una cueva cerca, agarra su pico de piedra para extraer todo el carbón posible.

1

¿Qué número representa cada conjunto de bloques? Traza unas líneas para unir los dibujos con los números correctos.

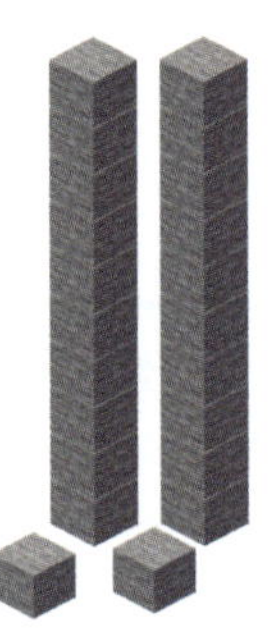

123

22

54

2

Anota los números que representan estos bloques.

a)

b)

3

Dibuja y completa.

a)

1 unidad =   1 decena = ... unidades

b)

1 centena (C) = ... decenas (D) = ... unidades (U)

Jacob mete en el horno unos bloques de carbón y carne cruda de cordero. Mientras la carne se fríe, empieza a trabajar en la planta de arriba de su casa, que tendrá un dormitorio, un almacén y una biblioteca.

4

Jacob construye una sección de su casa usando un total de 260 bloques.

Anota cuántas centenas, decenas y unidades hay en este número de bloques.

Centenas  Decenas  Unidades 

A Jacob le han sobrado todos estos bloques.

5

¿Cuántos bloques de adoquín le han sobrado? ¿Y cuántos bloques de hormigón? ¿Y cuántos bloques de granito? Dibuja.

Almacén		
Bloques de adoquín	Bloques de hormigón	Bloques de granito
Dormitorio		
Bloques de adoquín	Bloques de hormigón	Bloques de granito
Biblioteca		
Bloques de adoquín	Bloques de hormigón	Bloques de granito
Total bloques de adoquín	**Total bloques de hormigón**	**Total bloques de granito**

Indica el número de centenas, decenas y unidades totales de cada material.

C	D	U

C	D	U

C	D	U

Jacob ha cultivado más de lo que necesita, así que decide canjear lo que le sobra por unas esmeraldas.

En esta tabla, puedes ver cuántos bloques de cada cultivo necesitas canjear para obtener 1 esmeralda.

Jacob quiere canjear 20 bloques de trigo, 18 de zanahorias y 30 de patatas.

¿1 esmeralda sería **menor que** (<), **mayor que** (>) o **igual a** (=) el valor de los cultivos de Jacob? Escribe <, > o = en cada casilla para completar las oraciones.

Cultivo	Canje por 1 esmeralda
Trigo	20
Zanahoria	22
Patata	26

A Jacob realmente le gustaría tener algunos lingotes de hierro para fabricar muchas cosas más.

El herrero dice que 1 esmeralda puede canjearse por 4 lingotes de hierro.

¿2 esmeraldas serían **menor que** (<), **mayor que** (>) o **igual a** (=) el valor de 12 lingotes de hierro?

Escribe <, > o = en la casilla para que la oración sea correcta.

COLOREA LAS ESMERALDAS QUE HAYAS GANADO

EL DOBLE Y LA MITAD

Jacob se encuentra a un grupo de saqueadores que están atacando la aldea y se están peleando con algunos aldeanos. Por suerte, Jacob va armado. Tras acercarse sigilosamente a la campana de la aldea, la hace sonar con fuerza. Al oírla, los aldeanos corren a refugiarse en sus casas. En la calle, ahora solo están Jacob y los saqueadores.

1

Con 8 flechas normales y 1 poción de veneno, Jacob había fabricado 8 flechas con la punta envenenada. Antes de salir de casa, duplicó este número de flechas con la punta envenenada.

¿Cuántas flechas normales y pociones de veneno usó en total?

Flechas normales = ☐ Pociones de veneno = ☐

2

Completa las frases de abajo:

a) El doble de 1 = ☐ $1 + 1 =$ ☐ $1 \times 2 =$ ☐

b) El doble de 8 = ☐ $8 + 8 =$ ☐ $8 \times 2 =$ ☐

Mientras se prepara para atacar, Jacob se acerca a los saqueadores con cautela. Está a 24 bloques de distancia de ellos, pero quiere reducir esa distancia a la mitad.

3

Completa las frases de abajo:

La mitad de 24 = ☐ $24 -$ ☐ $= 12$ $24 \div 2 =$ ☐

Jacob dispara sus flechas y los saqueadores disparan las suyas. Mientras combate, sufre mucho daño. De repente, escucha gritar a alguien cuya voz le resulta familiar. ¡Cali ha venido a ayudarlo!

 4 

a) Para saber cuántas flechas disparan ambos héroes, calcula el doble y anota el resultado en la casilla.

El doble de 33 es ☐

b) La pelea ha terminado. ¡Jacob y Cali han ganado! Los aldeanos los recompensan con 64 manzanas a repartir entre los dos.

Para saber cuántas manzanas se queda cada uno, calcula la mitad y anota el resultado en la casilla.

La mitad de 64 es ☐

Después de celebrar la victoria, Jacob y Cali buscan el puesto avanzado de los saqueadores. Cuando encuentran la torre, ven que hay un cofre en la parte de arriba. Dentro hay unos lingotes de hierro que guardarán en su inventario.

5 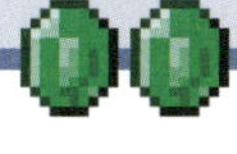

 a) Para saber cuántos lingotes de hierro tiene ahora Jacob, calcula el doble y anota el resultado en la casilla.

El doble de 45 es ☐

b) También había algo de trigo en el cofre, pero como Jacob solo necesita la mitad, le da el resto a Cali como recompensa por haberle ayudado en la pelea.

Para saber cuánto trigo tiene ahora Jacob, calcula la mitad y anota el resultado en la casilla.

La mitad de 144 es ☐

COLOREA LAS ESMERALDAS QUE HAYAS GANADO

RESOLUCIÓN DE PROBLEMAS

Antes de que Cali regrese a casa, Jacob la invita a ver su casa nueva. Le dice que puede llevarse las provisiones que necesite para embarcarse en su próxima aventura. Como Cali tiene que fabricar más flechas, se lleva algunas plumas de gallina.

1

a) Cali tiene 30 plumas en su inventario.

Si coge otras 34...

¿Cuántas plumas tiene ahora en total?

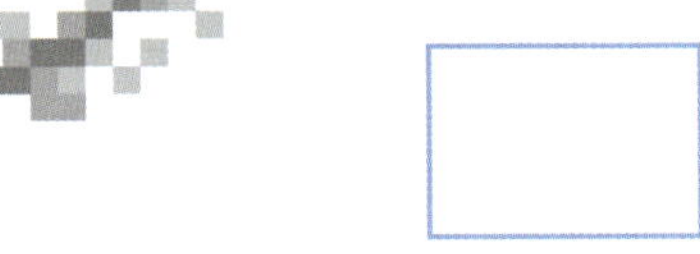

b) Si después utiliza 40 plumas para fabricar unas flechas...

¿Cuántas plumas le quedarán?

Desde la puerta del jardín, Jacob se despide de Cali agitando la mano en el aire. Está a salvo tras esas vallas. Antes de irse a la cama, construye dos senderos hechos de granito pulido entre sus cosechas.

2

a) Jacob tiene 78 bloques de granito pulido.

Si usa 36 para construir el primer sendero...

¿Cuántos bloques le quedarán?

b) Después, utiliza 38 bloques más de granito pulido para construir el segundo sendero.

¿Cuántos bloques de granito pulido ha utilizado en total para construir los dos senderos?

COLOREA LAS ESMERALDAS QUE HAYAS GANADO

RESUMEN DE LA AVENTURA

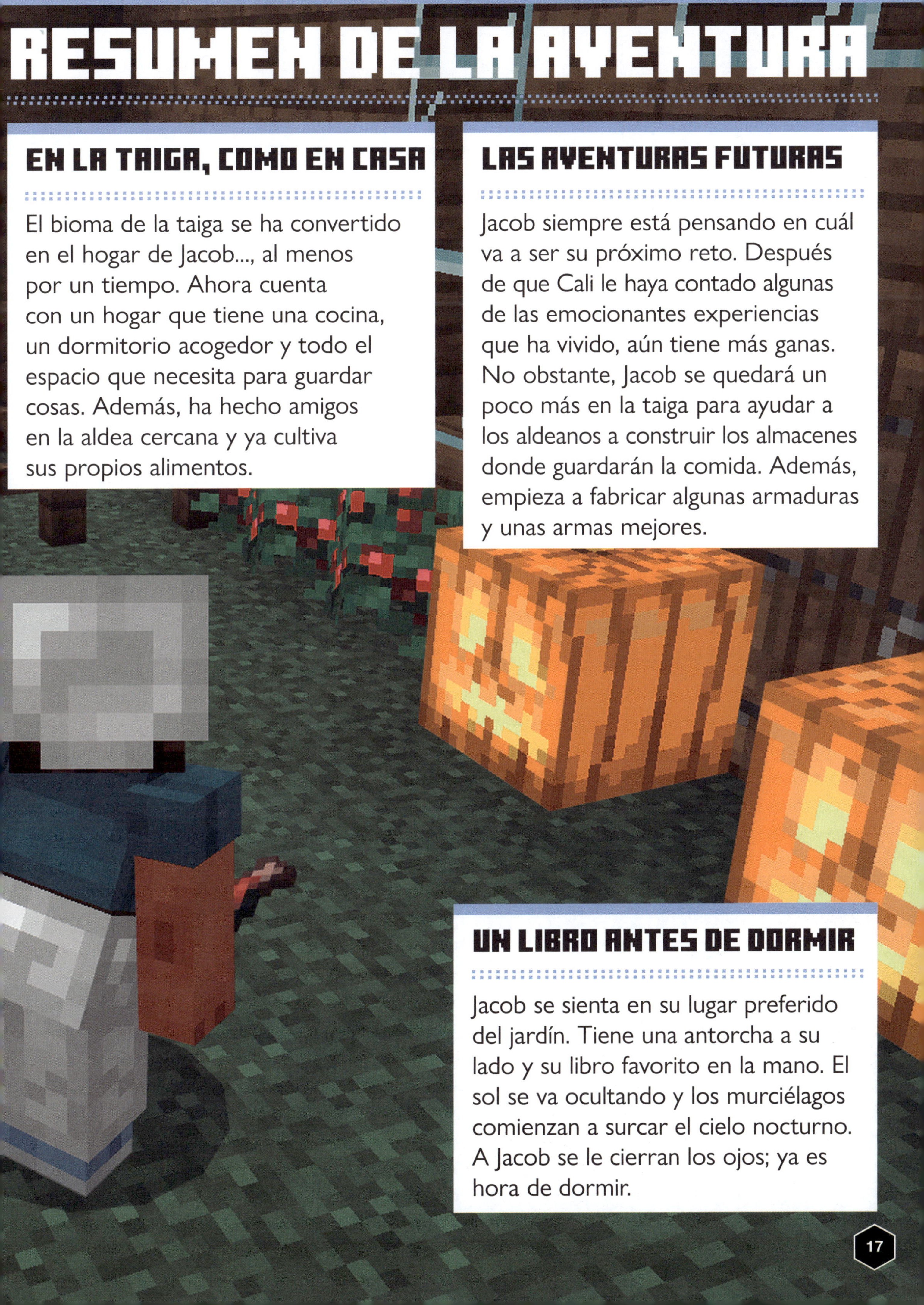

EN LA TAIGA, COMO EN CASA

El bioma de la taiga se ha convertido en el hogar de Jacob..., al menos por un tiempo. Ahora cuenta con un hogar que tiene una cocina, un dormitorio acogedor y todo el espacio que necesita para guardar cosas. Además, ha hecho amigos en la aldea cercana y ya cultiva sus propios alimentos.

LAS AVENTURAS FUTURAS

Jacob siempre está pensando en cuál va a ser su próximo reto. Después de que Cali le haya contado algunas de las emocionantes experiencias que ha vivido, aún tiene más ganas. No obstante, Jacob se quedará un poco más en la taiga para ayudar a los aldeanos a construir los almacenes donde guardarán la comida. Además, empieza a fabricar algunas armaduras y unas armas mejores.

UN LIBRO ANTES DE DORMIR

Jacob se sienta en su lugar preferido del jardín. Tiene una antorcha a su lado y su libro favorito en la mano. El sol se va ocultando y los murciélagos comienzan a surcar el cielo nocturno. A Jacob se le cierran los ojos; ya es hora de dormir.

SUMAS Y RESTAS

LA TIERRA ARENOSA

En el bioma de los páramos, donde abundan la arena roja y la terracota, los aventureros verán infinidad de bloques de terracota de colores rojo y marrón, que pueden ser extraídos fácilmente con un pico y se utilizan para decorar y construir.

EN BUSCA DEL ORO

En los páramos, los buscadores de metales preciosos pueden hacerse ricos. Los pozos de las minas abandonadas están repletos de oro, que aguarda a ser extraído.

UN LUGAR LUMINOSO Y HERMOSO

Por el día, los exploradores pueden llegar a ver a algún pusilánime que caminará arrastrando los pies. Por la noche, pueden toparse con algunas criaturas hostiles. Merece la pena explorar este lugar tan fascinante.

DE CAMINO A LOS PÁRAMOS

Maya descubrió este bioma durante una de sus múltiples exploraciones. A lo lejos, distinguió las cimas de unas altas montañas y muchas rocas coloridas distribuidas en capas. ¡Debían de ser los páramos! Tras meter unas cuantas herramientas y mucha comida en su inventario, allí fue en busca de emociones.

CÁLCULO MENTAL

Mientras disfruta del paisaje y el sol, Maya va andando a los páramos.

1 

Sigue los pasos del ejemplo y calcula estas sumas mentalmente.

Ejemplo: 89 + 53 = (80 + 50) + (9 + 3)

= 130 + 12 = 142

a) 14 + 85 = (.......... + ...) + (.......... + ...)

= .... + ... = ...

b) 484 + 502 = (.......... + ...) + (.......... + ...) + (.......... + ...)

= .... + ... + ... = ...

2 

Resuelve estas restas contando desde el número menor hasta el mayor para hallar la diferencia.

Ejemplo:

85 – 17 = 68

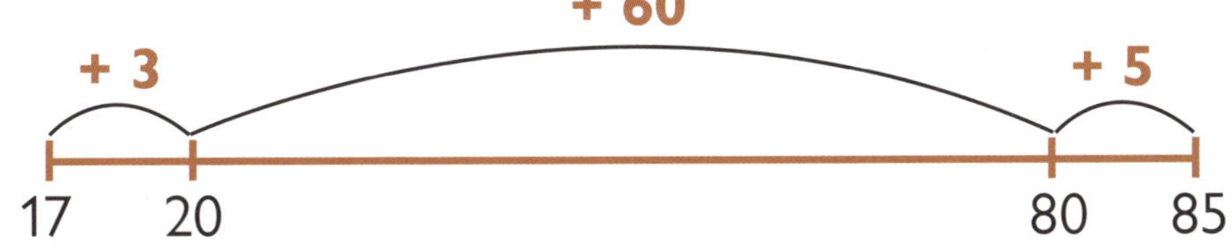

a) 53 – 14 = 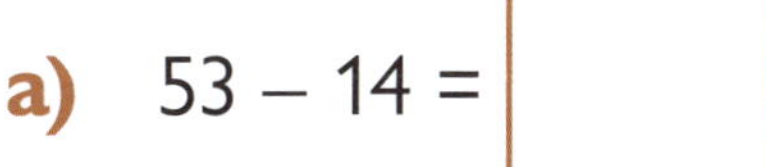

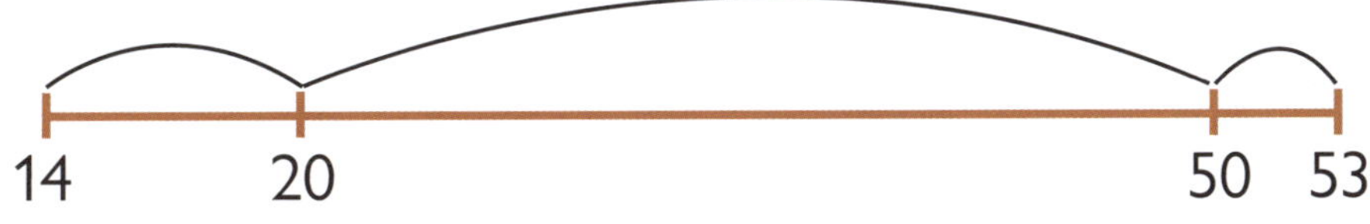

b) 94 – 48 = 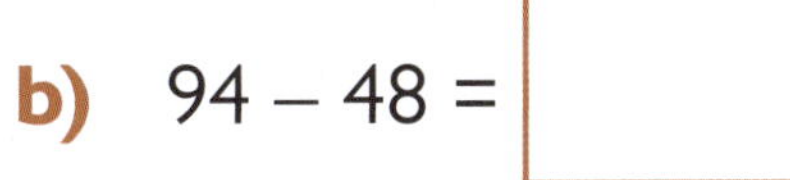

COLOREA LAS ESMERALDAS QUE HAYAS GANADO

SUMAS

Maya monta un pequeño campamento al que regresará para dormir si la acecha algún peligro. Con algunos tablones de madera que ha traído, construye un refugio y una cama, así como algunas antorchas y una mesa de trabajo. Lo primero es reunir un montón de esta terracota tan colorida para construir más cosas. Ayúdala a calcular cuántos bloques necesita.

1

Suma estos números de dos cifras.

a) $\begin{array}{r} 73 \\ +\ 16 \\ \hline \end{array}$

b) $\begin{array}{r} 42 \\ +\ 53 \\ \hline \end{array}$

c) $\begin{array}{r} 37 \\ +\ 71 \\ \hline \end{array}$

d) $\begin{array}{r} 22 \\ +\ 36 \\ \hline \end{array}$

2

Suma estos números de tres cifras.

a) $\begin{array}{r} 213 \\ +\ 715 \\ \hline \end{array}$

b) $\begin{array}{r} 763 \\ +\ 134 \\ \hline \end{array}$

c) $\begin{array}{r} 243 \\ +\ 656 \\ \hline \end{array}$

d) $\begin{array}{r} 418 \\ +\ 301 \\ \hline \end{array}$

Mientras Maya se abre camino a través de varias capas de terracota, oye un ruido raro, que parece ser el eco de un chillido. Esto significa que hay una red de cuevas muy cerca. Resuelve estas sumas para ayudarla a obtener la terracota que necesita.

3

Resuelve estas sumas con números de dos cifras con llevadas.

a) 58 + 26 = ____

b) 17 + 78 = ____

c) 68 + 83 = ____

d) 54 + 67 = ____

e) 28 + 86 = ____

f) 49 + 92 = ____

4

Resuelve estas sumas con números de tres cifras con llevadas.

a) 663 + 129 = ____

b) 569 + 307 = ____

c) 721 + 139 = ____

d) 176 + 432 = ____

e) 328 + 283 = ____

f) 808 + 173 = ____

5

Añade las cifras que faltan en estas sumas.

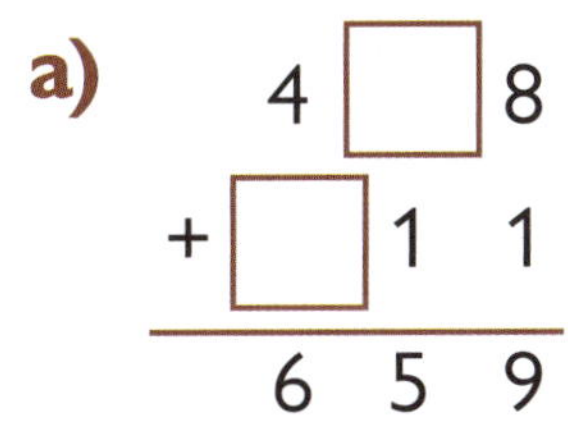

a) 4 □ 8 + □ 1 1 = 6 5 9

b) □ 3 2 + 2 5 □ = 7 9 1

c) □ 2 7 + 4 3 □ = 7 6 4

d) 6 □ 7 + 2 9 □ = 9 0 5

COLOREA LAS ESMERALDAS QUE HAYAS GANADO

RESTAS

Al día siguiente, Maya se adentra en los valles de los páramos. Antes de que pueda avanzar demasiado, ve a algunos pusilánimes deambulando que se fijan enseguida en ella. Maya blande su espada a diestro y siniestro en la batalla y los pusilánimes ven cómo su salud va menguando poco a poco.

Resuelve estas restas con números de dos cifras.

a) 99 − 15 = ____

b) 78 − 36 = ____

c) 88 − 32 = ____

d) 53 − 12 = ____

2

Resuelve estas restas con números de tres cifras.

a) 676 − 242 = ____

b) 734 − 621 = ____

c) 863 − 712 = ____

d) 249 − 108 = ____

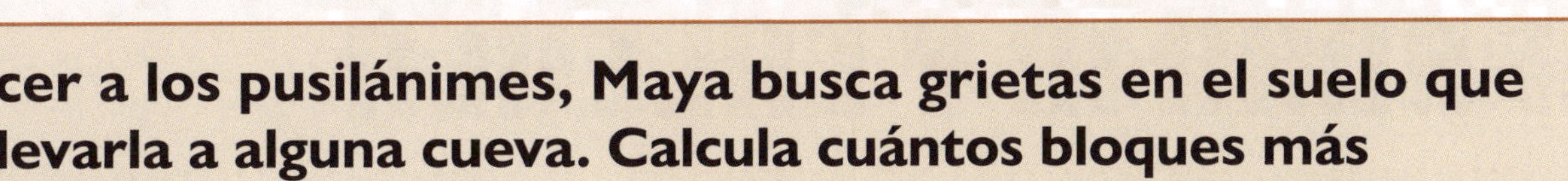

Tras vencer a los pusilánimes, Maya busca grietas en el suelo que puedan llevarla a alguna cueva. Calcula cuántos bloques más necesita extraer.

3

Resuelve estas restas con números de dos cifras con llevadas.

a) $\begin{array}{r} 62 \\ -\ 27 \\ \hline \end{array}$

b) $\begin{array}{r} 93 \\ -\ 16 \\ \hline \end{array}$

c) $\begin{array}{r} 46 \\ -\ 28 \\ \hline \end{array}$

d) $\begin{array}{r} 73 \\ -\ 38 \\ \hline \end{array}$

e) $\begin{array}{r} 94 \\ -\ 79 \\ \hline \end{array}$

f) $\begin{array}{r} 55 \\ -\ 17 \\ \hline \end{array}$

4

Resuelve estas restas con números de tres cifras con llevadas.

a) $\begin{array}{r} 852 \\ -\ 218 \\ \hline \end{array}$

b) $\begin{array}{r} 472 \\ -\ 266 \\ \hline \end{array}$

c) $\begin{array}{r} 505 \\ -\ 324 \\ \hline \end{array}$

d) $\begin{array}{r} 718 \\ -\ 380 \\ \hline \end{array}$

e) $\begin{array}{r} 131 \\ -\ 119 \\ \hline \end{array}$

f) $\begin{array}{r} 928 \\ -\ 836 \\ \hline \end{array}$

Maya avanza unos pasos hacia el norte. Al dar el último paso, mira hacia abajo... ¡y halla una grieta que lleva a una cueva muy profunda!

5

Añade las cifras que faltan en estas restas.

a) 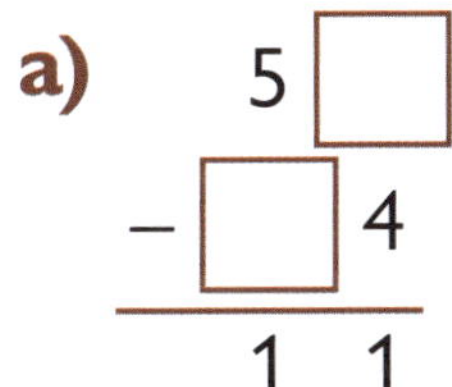

$\begin{array}{r} 5\square \\ -\ \square 4 \\ \hline 11 \end{array}$

b) 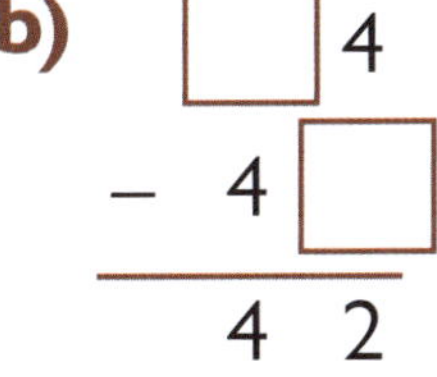

$\begin{array}{r} \square 4 \\ -\ 4\square \\ \hline 42 \end{array}$

c) 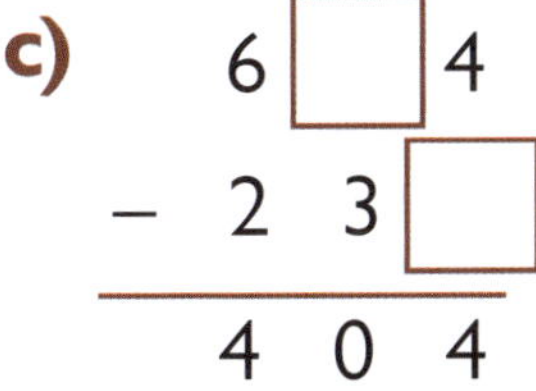

$\begin{array}{r} 6\square 4 \\ -\ 23\square \\ \hline 404 \end{array}$

d) $\begin{array}{r} 5\square 9 \\ -\ 24\square \\ \hline 337 \end{array}$

COLOREA LAS ESMERALDAS QUE HAYAS GANADO

APROXIMA Y CALCULA

Mientras Maya observa la entrada de la cueva, intenta calcular lo profunda que es. Resuelve estos problemas para ayudarla a hacer sus cálculos.

Rodea el número que está más cerca del resultado correcto.

a)	**643 + 400 + 60 =**	110	1.100	11.000
b)	**250 – 125 – 35 =**	9	90	900
c)	**478 + 296 =**	780	78	7.800
d)	**711 – 660 =**	5	50	500

2

Rodea el resultado que crees que es más lógico.

a)	**232 + 124 + 11 =**	200 + 100 + 10 = 310	250 + 150 + 20 = 420
b)	**488 – 160 – 99 =**	500 – 200 – 100 = 200	500 – 150 – 100 = 250
c)	**315 + 216 =**	300 + 200 = 500	350 + 250 = 600
d)	**660 – 564 =**	660 – 560 = 100	700 – 550 = 150

Maya se topa con un pozo de mina abandonado. No es muy profundo, pero abajo hay varias vagonetas con cofres. ¡Y contienen mucho oro!

3

En cada vagoneta con cofre, puede verse un número que indica cuánto oro puede contener cuando está llena. Calcula la cantidad de bloques de oro que hay en cada cofre.

a) 

Tiene capacidad para 40 bloques y está medio lleno. ☐

b) 

Tiene capacidad para 150 bloques y está medio lleno. ☐

Maya ha encontrado toda clase de materiales valiosos: oro en el pozo minero, algo de lapislázuli en las paredes de la superficie e incluso unos pocos diamantes cerca de un charco de lava. Aquí abajo, están los objetos que ha hallado y los cálculos relacionados con ellos.

4

Escribe la operación opuesta para comprobar si los resultados son correctos.

a) 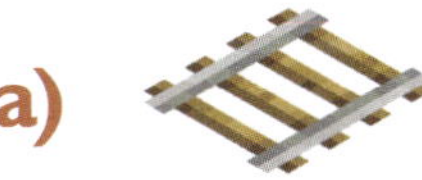 58 + 63 = 121 ....

b)  257 – 129 = 128 ....

c)  El doble de 14 es 28 ....

d)  La mitad de 18 es 9 ....

5

Primero, escribe una respuesta aproximada para cada uno de estos cálculos. Luego, calcula la respuesta exacta. Por último, comprueba tu respuesta mediante una operación opuesta.

a)

$$\begin{array}{r} 433 \\ +\ 565 \\ \hline \end{array}$$

Respuesta aproximada: ....

Cálculo correcto: ☐

Comprobación:

b)

$$\begin{array}{r} 676 \\ -\ 234 \\ \hline \end{array}$$

Respuesta aproximada: ....

Cálculo correcto: ☐

Comprobación:

COLOREA LAS ESMERALDAS QUE HAYAS GANADO

OTROS PROBLEMAS MATEMÁTICOS

Maya abandona la cueva. Desmonta su refugio temporal y se dirige a casa, donde la espera Oscar.

Maya tiene 297 puntos de experiencia y Oscar, 387 puntos de experiencia.

Oscar le dice: «Tengo 100 puntos más que tú».

¿Tiene razón Oscar? Explica tu respuesta.

2

Primero, escribe una respuesta aproximada para cada uno de estos cálculos. Luego, calcula la respuesta exacta. Por último, comprueba tu respuesta mediante una operación opuesta.

a) Tenemos tres cofres. El primero tiene 361 bloques de oro. El segundo, 98 bloques de oro más que el primero. El tercero tiene 112 bloques de carbón.

¿Cuántos objetos hay en total en los tres cofres?

Respuesta aproximada: ....

Cálculo correcto: 

Comprobación:

b) Maya necesita 192 bloques de trigo de la granja para hacer pan. Hasta ahora, ha conseguido reunir 100, 11 y 8 bloques de trigo.

¿Cuánto trigo más debe conseguir Maya?

Respuesta aproximada: ....

Cálculo correcto: 

Comprobación:

COLOREA LAS ESMERALDAS QUE HAYAS GANADO

RESUMEN DE LA AVENTURA

MUCHOS RECURSOS

Maya le cuenta a Oscar todo lo que ha visto en los preciosos páramos. Le muestra los materiales de construcción que ha logrado reunir, así como el lapislázuli, el oro y los diamantes que ha extraído. Juntos, lo clasifican todo y lo meten en distintos cofres.

UNAS PRUEBAS MÁS DIFÍCILES

Maya y Oscar conversan hasta altas horas de la noche y llegan a la conclusión de que, en breve, tendrán que prepararse para enfrentarse a unos enemigos más duros. Para hacerlo, necesitan contar con unas armas mejores y unas armaduras más resistentes.

AMIGOS Y ENEMIGOS

Maya tiene muchas ganas de contarles a Cali y a Jacob todo lo que ha visto en los páramos, uno de los biomas más raros y difíciles por la falta de comida. En la arena, hay mucha flora muerta, que se ha secado por culpa del calor.

LAS MEDIDAS

DIVISANDO UNA ISLA

Jacob ha construido un barco de madera, con el que está navegando por el océano. En el horizonte, ve unos champiñones altos que se alzan en lo que parece ser una isla. Acelera la velocidad para alcanzar la orilla de esos campos de champiñones.

UNOS CHAMPIÑONES DESCOMUNALES

El bioma de los campos de champiñones es uno de los más raros de ver. Suele encontrarse en una isla cuyo suelo teñido de púrpura se llama micelio. En vez de árboles, hay champiñones grandes y altos. Las aguas también están teñidas de gris claro.

UNA VACA EXTRAÑA

Hay un animal muy raro que solo se halla en este tipo de islas: la champiñaca. Se trata de una vaca con manchas rojas y blancas, de cuyo lomo brotan champiñones. Es perfecta para aquellos que busquen una criatura que muja y de la que pueden obtener estofados.

RARO Y MARAVILLOSO

Si un héroe tuviera una suerte increíble, podría llegar a la orilla y toparse con un barco naufragado en la playa. Si explorara su interior, podría hallar un cofre del tesoro repleto de objetos maravillosos. Los campos de champiñones parecen sacados de un sueño.

EL TIEMPO

Cuando Jacob baja del barco, mira su reloj para calcular la hora. ¿Puedes ayudarle?

1

Lee las horas que marcan estos relojes. Rodea la hora correcta en cada reloj.

a) 

12 en punto **2 en punto**

b) 

7 menos cuarto **6 menos cuarto**

c) 

2 y media **5 y media**

d) 

3 y cuarto **9 y cuarto**

2

Fíjate en el reloj y anota cuántos minutos hay en las siguientes medidas de tiempo.

a) 1 hora = ☐ minutos

b) 2 horas = ☐ minutos

c) Media hora = ☐ minutos

d) Un cuarto de hora = ☐ minutos

e) Tres cuartos de hora = ☐ minutos

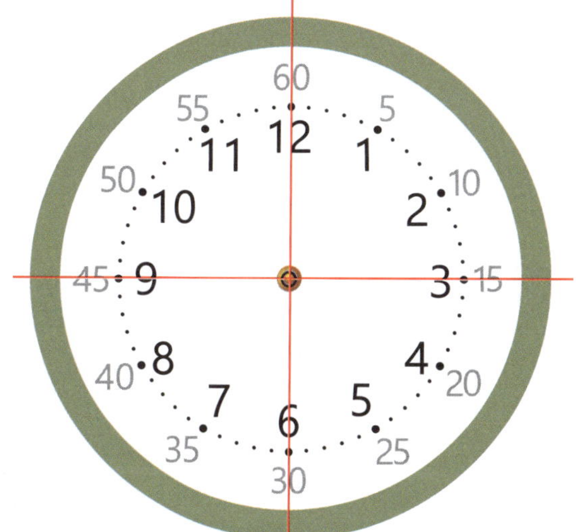

Jacob debe calcular el tiempo que tiene para explorar antes de que se haga de noche. Quizá haya criaturas peligrosas...

3

Escribe los números que faltan para que el reloj muestre los minutos. Cada casilla son cinco minutos. Dos ya las tienes rellenadas.

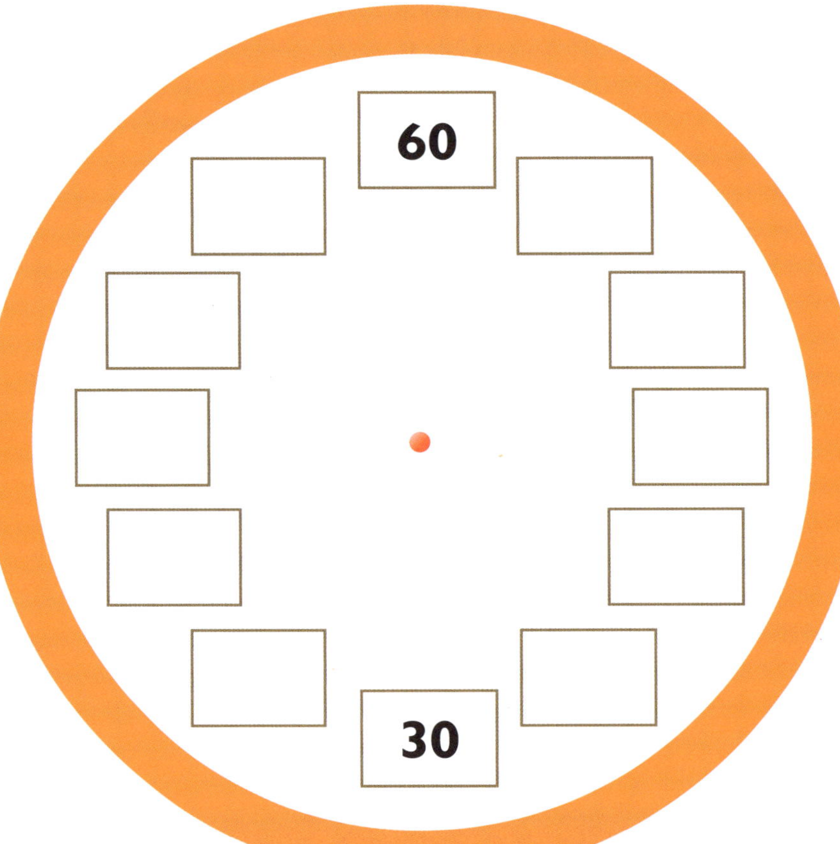

4

Fíjate en los relojes. ¿Cuánto tiempo ha pasado entre el inicio y el final?

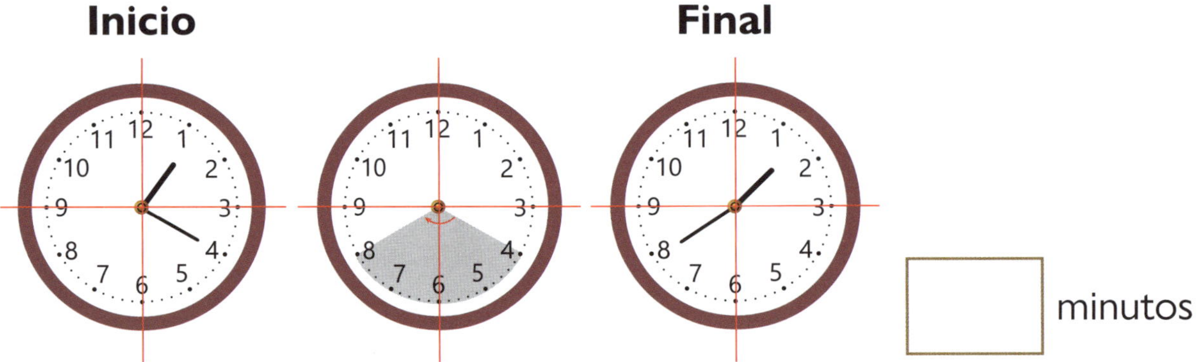

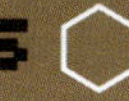

El problema del reloj de Jacob es que este solo le indica cuándo sale el sol y cuándo se pone. ¿Puedes enseñarle a leer la hora en los relojes de abajo?

5

¿Repasamos las horas con Jacob? Rodea la hora correcta.

4 y media   3 y cuarto

7 en punto   6 y media

1 menos cuarto   2 en punto

9 y media   10 y cuarto

6

Dibuja las manecillas de estos relojes para que Jacob sepa qué hora es.

Las 3 en punto

Las 10 y media

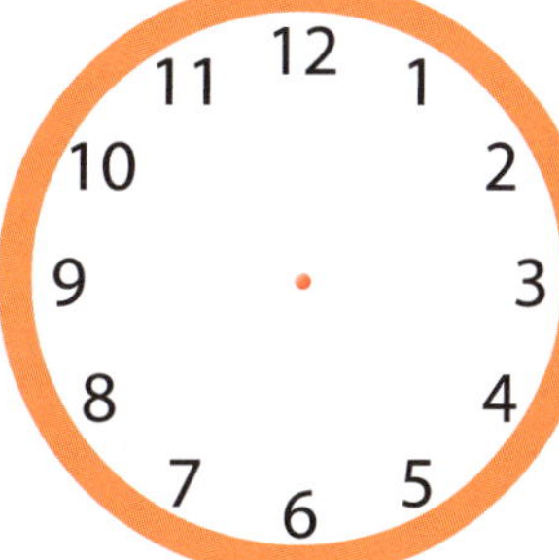

COLOREA LAS ESMERALDAS QUE HAYAS GANADO

EL DINERO

Jacob se detiene en una aldea para canjear algunas cosas antes de empezar su exploración. Mientras negocia, demuestra lo que sabes sobre el dinero.

1

Escribe cuánto vale cada moneda y cada billete.

a) 

....

b) 

....

c) 

....

d) 

....

e) 

....

f) 

....

2

Dibuja las monedas y billetes que necesitas para llenar la hucha del cerdito con un total de 17 euros y 55 céntimos.

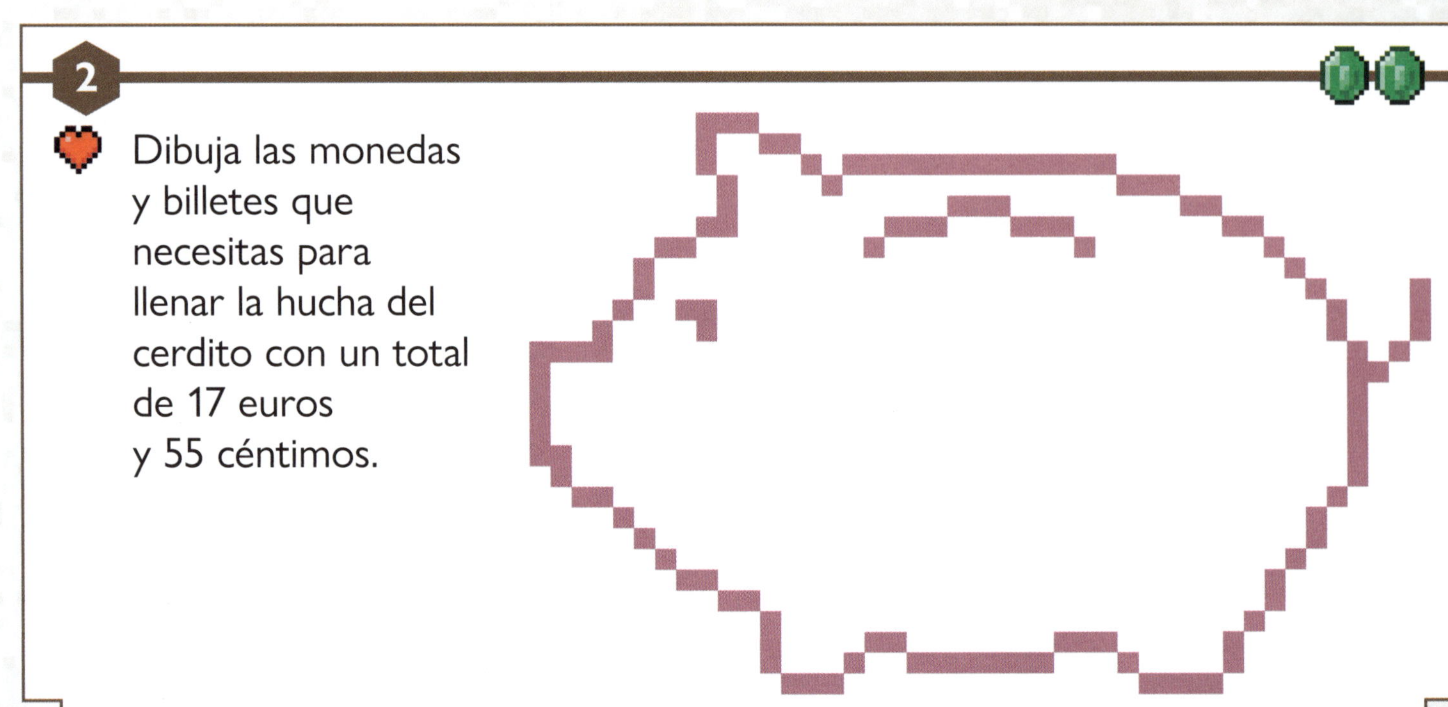

En el mercado Jacob ha encontrado verdaderas gangas. Nunca lo hubiera pensado. Ayuda a Jacob con algunos cálculos.

3

¿Cuánto dinero hay en cada fila?

a)

Total: ....

b)

Total: ....

c)

Total: ....

d)

Total: ....

4

Suma estas cantidades de dinero.

a) 2 € y 35 cént. + 5 € y 17 cént. = ...

b) 4 € y 74 cént. + 10 € y 19 cént. = ...

c) 9 € y 29 cént. + 3 € y 15 cént. = ...

d) 12 € y 56 cént. + 7 € y 31 cént. = ...

COLOREA LAS ESMERALDAS QUE HAYAS GANADO

LEYENDO LAS MEDIDAS

La longitud se mide en milímetros (mm), centímetros (cm) y metros (m).

La masa se mide en gramos (g) y kilogramos (kg).

La capacidad nos indica cuánto puede contener un recipiente.

El volumen nos indica cuánto hay en el recipiente. Ambos se miden en mililitros (ml) y litros (l).

Jacob quiere saber más sobre este bioma tan extraño. Por ejemplo, sus medidas.

1

Con una regla, mide en centímetros la longitud de esta hilera de bloques de arcilla.

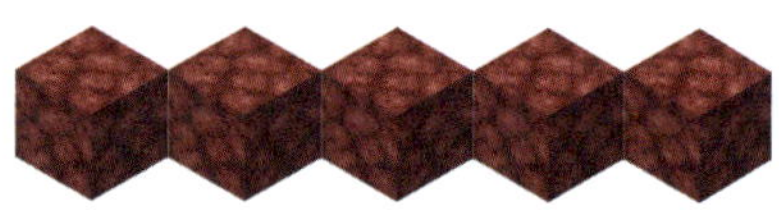

☐ cm

2

Lee lo que pone en la balanza para averiguar cuál es la masa de este bloque micelio.

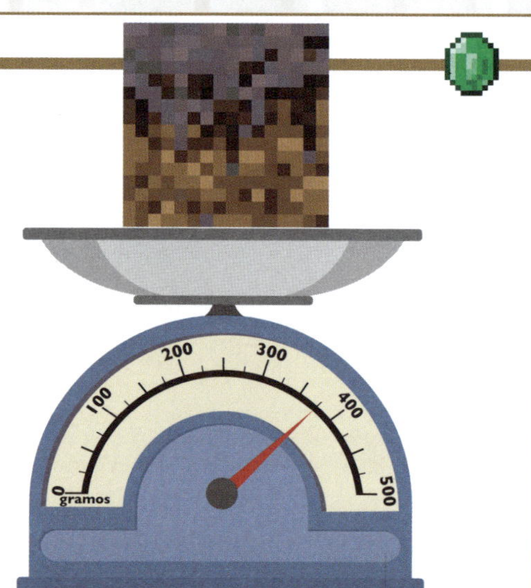

☐ g

3

En este recipiente, tenemos una cierta cantidad de agua púrpura.

a) ¿Cuál es la capacidad de este recipiente?

☐ litros

b) ¿Qué cantidad de agua hay en el recipiente?

☐ ml

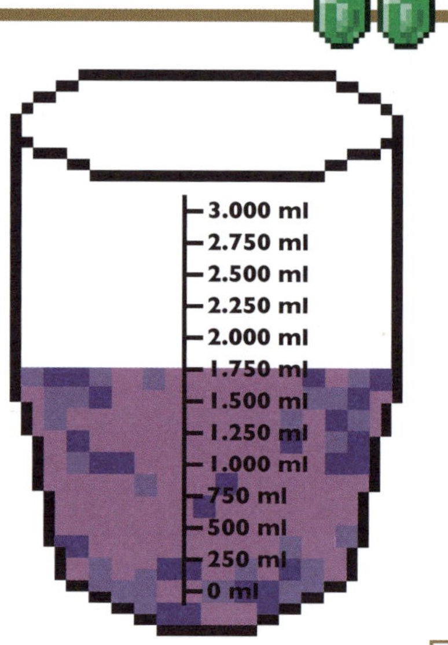

COLOREA LAS ESMERALDAS QUE HAYAS GANADO

LA LONGITUD Y LA ALTURA

También querría medir la altura de los champiñones, ¡que son gigantescos!, y de los micelios.

1

a) ¿Cuántos bloques de altura tiene este micelio?

El micelio tiene ☐ bloque(s) de altura.

b) Si 1 bloque mide 1 metro de altura, ¿qué altura tendrá este bloque?

El micelio mide ☐ metros de altura.

2

La cinta métrica nos indica qué altura tiene cada champiñón medido en bloques. Recuerda que 1 bloque mide 1 metro de altura.

a) ¿Cuántos bloques de altura tiene A? ☐

¿Cuánto mide en metros? ☐ metros

b) ¿Cuántos bloques de altura tiene B? ☐

¿Cuánto mide en metros? ☐ metros

A B

10 9 8 7 6 5 4 3 2 1

3

Usa esta regla para medir cada objeto.

a)

0 1 2 3 4 5 6 7 8 9 10

☐ cm

b)

0 1 2 3 4 5 6 7 8 9 10

☐ cm

COLOREA LAS ESMERALDAS QUE HAYAS GANADO

EL PESO Y LA CAPACIDAD

Jacob tala unos cuantos champiñones. Cada vez que da un hachazo, caen unos cuantos champiñones más pequeños. Con ellos se preparará un rico estofado.

Fíjate en las balanzas. Completa cada frase escribiendo las dos expresiones de la casilla que encajen de manera correcta.

más pesado	**más ligero**

a) 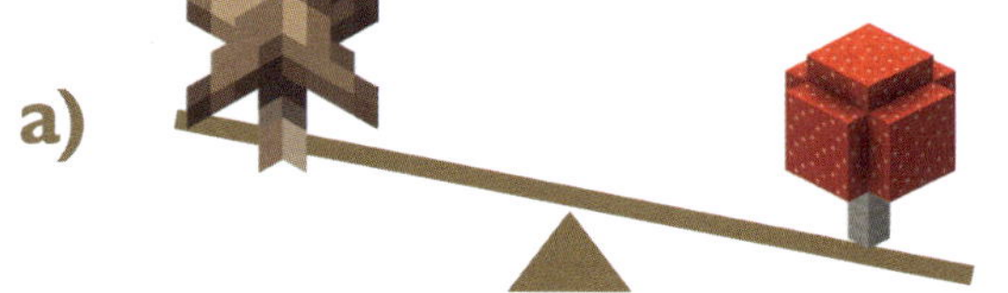

El champiñón rojo es ....

que el champiñón marrón.

b) 

El champiñón marrón es ....

que el estofado de champiñones.

2

Observa y escribe cuál es el peso de cada objeto.

a)

☐ gramos

b)

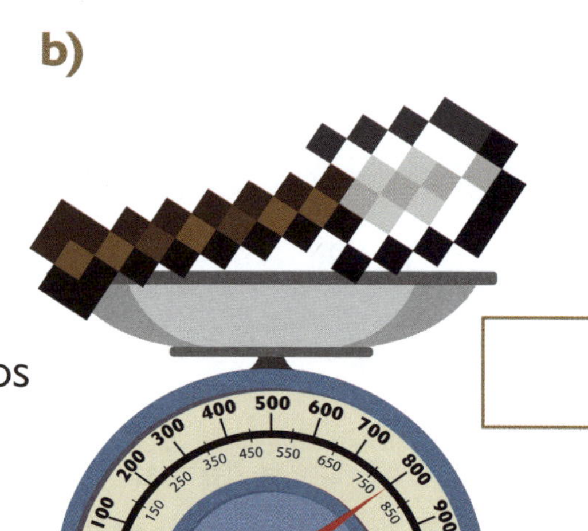

☐ gramos

 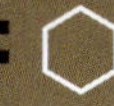

Por fin, Jacob encuentra una champiñaca. Si la ordeña con un cubo, podrá obtener leche. Si la ordeña con un cuenco, podrá obtener un estofado de champiñones. Ah, qué sed da esto.

3 

Fíjate en estos recipientes. Se necesitan 4 botellas de agua para llenar un cubo.

Escoge las palabras adecuadas de la casilla de abajo para completar cada frase.

llena	vacío	el doble	la mitad	tres	dos	cuatro

a) La botella de agua B está .... de llena que la botella de agua A.

b) La botella de agua A está ....

c) El cubo 1 está ....

d) Se necesitarían .... botellas de agua llenas para llenar el cubo 1.

e) Se necesitarían .... botellas de agua llenas para llenar el cubo 2.

4 

Cada una de las botellas de agua está llena y su contenido se va a verter en la jarra que está a su lado. Colorea cada jarra para indicar hasta dónde llegará el agua.

a)

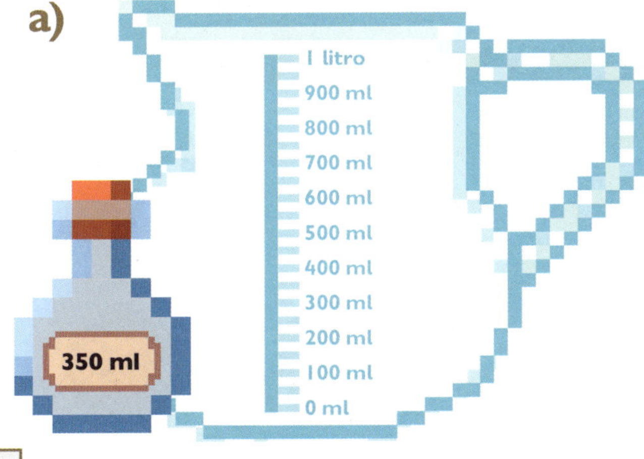

b)

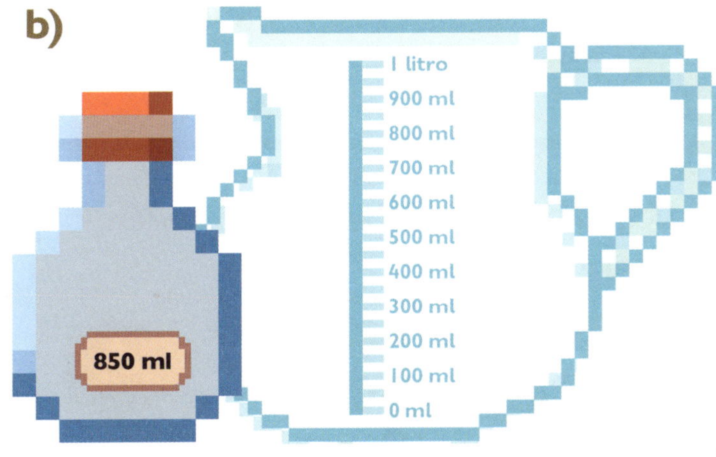

COLOREA LAS ESMERALDAS QUE HAYAS GANADO

COMPARANDO MEDIDAS

Longitud: 10 mm = 1 cm 100 cm = 1 m 1.000 m = 1 km
Masa / Peso: 1.000 g = 1 kg
Capacidad: 1.000 ml = 1 l

Ya es hora de que Jacob emprenda el viaje de vuelta a casa. Antes de irse, se hace con unos cuantos champiñones más.

1

Traza unas líneas que unan las medidas de cada columna con su equivalente en la otra.

a)

1 m 50 cm	1.500 m
300 cm	150 cm
1 km 500 m	3 cm
30 mm	3 m

b)

3.000 ml	0,5 l
500 ml	3 l
5.000 ml	30 l
30.000 ml	5 l

c)

3 kg	2.050 g
2 kg 500 g	3.000 g
3 kg 500 g	2.500 g
2 kg 50 g	3.500 g

2

Rodea el objeto de cada pareja que indique una mayor distancia, masa o capacidad.

a)

b)

2 kg

1.500 g

c)

3.250 ml

5 l

Jacob se ha despedido de las champiñacas. En el camino de vuelta al barco encuentra cosas muy interesantes.

3

35 cm y 7 mm

3 cm y 7 mm

317 cm

3 m y 7 cm

Ordénalos de menor a mayor según su longitud.

 <  < .... < ....

4

Anota la masa de cada objeto. Luego ordénalos de más ligero a más pesado según su masa.

Masa: ....

Masa: ....

Masa: ....

Masa: ....

    ....  

COLOREA LAS ESMERALDAS QUE HAYAS GANADO

SUMANDO Y RESTANDO MEDIDAS

Puedes usar modelos o particiones para sumar y restar medidas.

1 kg y 200 g + 2 kg y 400 g = 3 kg y 600 g

1 kg y 200 g + 2 kg y 400 g
= 1 kg + 2 kg + 200 g + 400g
= 3 kg + 600 g

3 km y 250 m – 1 km y 120 m = 2 km y 130 m

3 km	
1 km	? km

3 km – 1 km = 2 km

250 m	
120 m	? m

250 m – 120 m = 130 m

Jacob está preparado para zarpar. Tiene que estudiar bien el camino de vuelta para no perderse.

1

Este plano muestra los caminos que ha seguido Jacob para regresar al barco.

Encuentra el camino más corto entre el punto A y el punto B.

¿Qué distancia los separa?

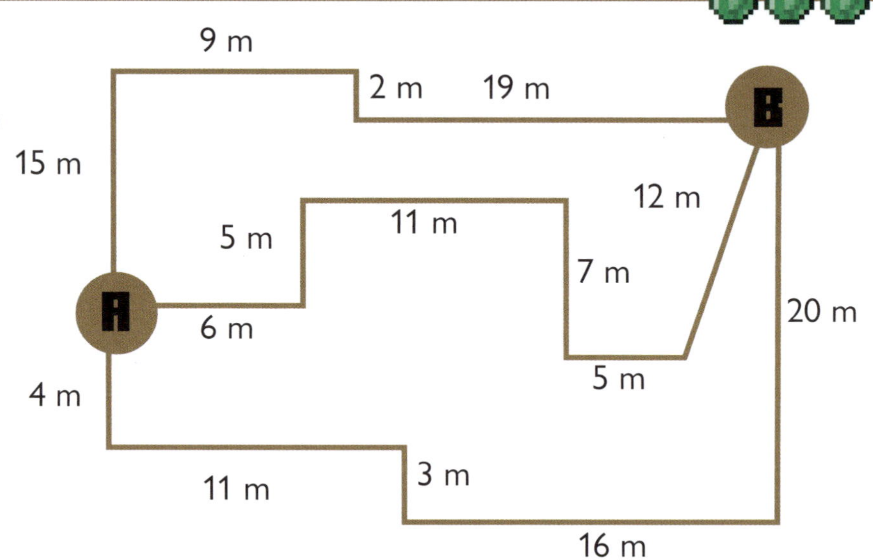

 m

Calcula las distancias de los otros dos caminos entre A y B. ☐ m / ☐ m

RESUMEN DE LA AVENTURA

EL LOBO LE DA LA BIENVENIDA

Jacob regresa a casa, donde su fiel lobo lo está esperando. Antes de que pueda siquiera cruzar la puerta, el lobo se abalanza sobre él para saludarlo. Después de darle unos pocos mimos y algunas caricias en las orejas, Jacob se sienta para pensar en su emocionante viaje a los campos de champiñones.

¡UNOS CAMPOS EXTRAÑOS!

Jacob no esperaba encontrarse con un lugar tan maravilloso y extraño. ¡Los campos de champiñones son tan increíbles! Al estar rodeado de esos champiñones gigantescos y esas vacas tan raras llamadas champiñacas, tuvo la sensación de que estaba soñando. Aunque no ha traído muchos objetos a casa, sí que ha aprendido un montón de cosas nuevas.

RECORDANDO A LAS CHAMPIÑACAS

¡Ojalá hubiera podido llevarse una champiñaca a casa para que viviera en su granja! Pero ¿qué habrían pensado las otras vacas? Aunque ha sido un día tranquilo, en el que no se ha peleado con nadie ni ha tenido que huir de ninguna criatura hostil, Jacob está agotado. Mientras se recuesta y relaja, se le van cerrando los ojos poco a poco y, en breve, estará profundamente dormido.

GEOMETRÍA Y ESTADÍSTICAS

ADENTRÁNDOSE EN LAS SOMBRAS

Cali está dando un paseo tranquilamente cuando ve un gran champiñón que sobresale entre los árboles que tiene delante. En ese instante, decide que va a seguir explorando un poco más y se acaba adentrando en un bosque oscuro.

ENCONTRANDO EL CAMINO EN LA OSCURIDAD

El bosque oscuro está envuelto en sombras y repleto de árboles. Recorrer un bosque oscuro es complicado. Como los troncos de los árboles crecen muy juntos, no queda ningún hueco para que crezcan las flores y, aunque crecieran, tampoco verían nunca la luz del sol.

LOS ESCONDRIJOS

Entre las hojas, se esconden muchas criaturas hostiles. A veces, puedes confundir un zombi con un tronco de roble oscuro. O, mientras un héroe como tú deambula por el bosque, un creeper, que lo ha seguido sigilosamente, puede descender de la copa de un árbol para abalanzarse sobre él. Encontrarse con un creeper en el bosque oscuro es una experiencia extremadamente horrenda. Como no hay mucho espacio para moverse, puedes correr un gran peligro cuando explota.

ESTATE ATENTO EN LA SUPERFICIE Y BAJO TIERRA

De vez en cuando, te toparás con unos champiñones enormes, como los de los campos de champiñones. Ten cuidado con las cuevas, pues caerás en ellas si vas despistado; sin embargo, tal vez halles algún tesoro en el interior de alguna. También hay riquezas en la superficie, pero únicamente los exploradores más valerosos las encontrarán...

FIGURAS PLANAS

Cali está un poco perdida. Hay tantos árboles y están tan juntos que da la impresión de que cada uno de ellos tiene la forma de una figura distinta.

1

Cali cree que podría pintar este bonito paisaje boscoso en un cuadro que luego colgaría en su casa. Esto es lo que se imagina:

¿Cuántas de cada una de estas figuras puedes ver en el cuadro?

a) Cuadrados 

b) Rectángulos 

c) Triángulos 

d) Semicírculos

e) Heptágonos 

f) Hexágonos

g) Octógonos 

h) Pentágonos

Durante un tiempo, Cali deambula por el bosque hasta que por fin deja atrás los árboles y contempla una enorme mansión. Mientras se dirige a la puerta principal, contesta unas cuantas preguntas más sobre figuras planas.

2

Abajo, tienes un esquema de la mansión que Cali ha encontrado. Observa con detenimiento las figuras que pueden verse en la parte exterior del edificio. Algunas son simétricas, es decir, si se dividen por la mitad, una mitad será el reflejo de la otra.

Marca con un ✓ las cinco figuras que son simétricas.

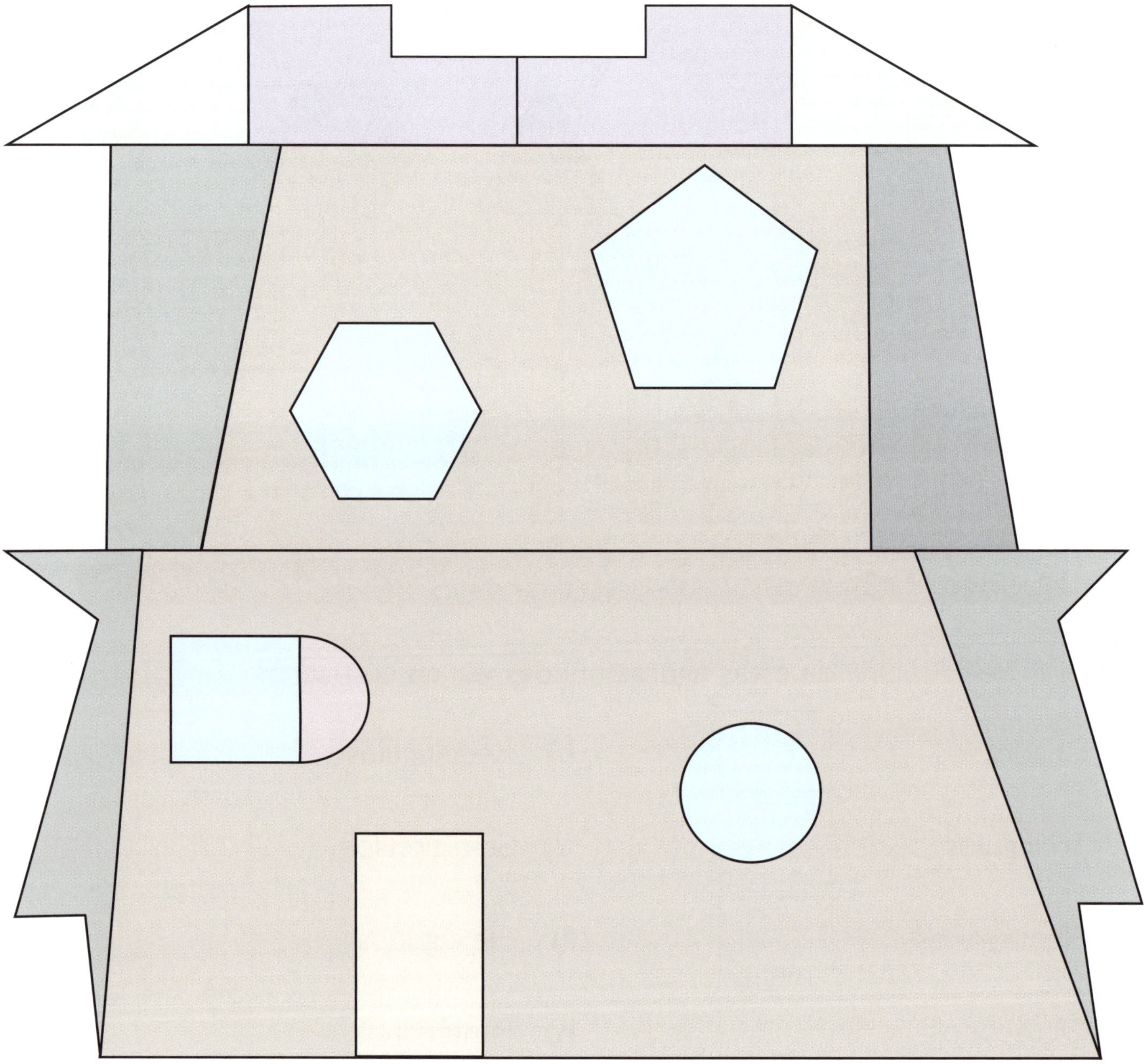

3

Completa esta tabla. Escribe cuántos lados y vértices tiene cada figura.
Si la figura es simétrica, marca con un ✓ esa columna.

Figura	Lados	Vértices	¿Es simétrica?
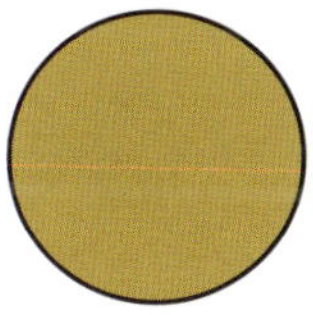			

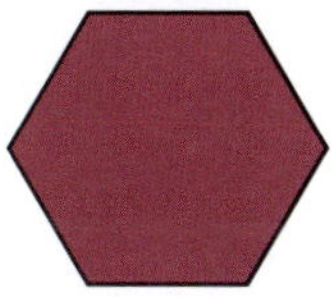			

COLOREA LAS ESMERALDAS QUE HAYAS GANADO

CUERPOS GEOMÉTRICOS

Cali cruza la puerta y entra en una habitación espaciosa que cuenta con varias puertas a los lados. Elige una puerta y entra en la habitación que hay tras ella, donde ve que hay un cuadro enorme colgado en la pared.

1

El cuadro que ve Cali le inspira la creación de algunas esculturas como estas:

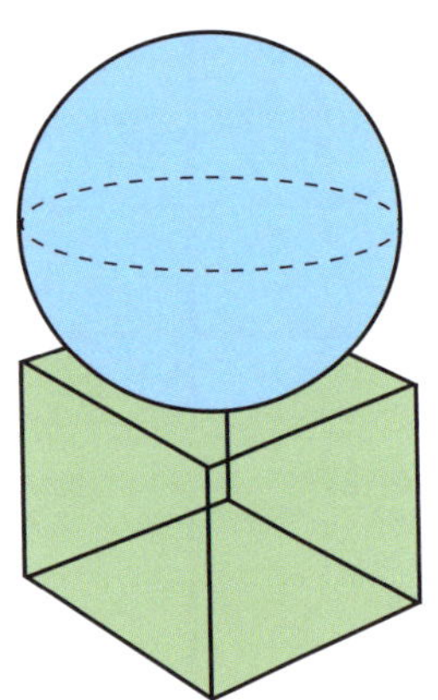

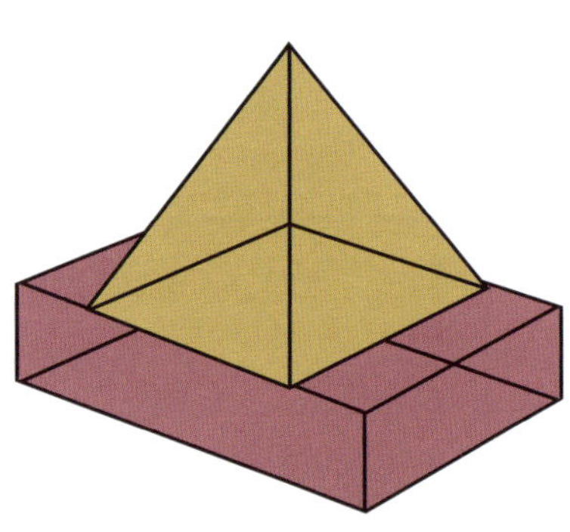

Marca con un ✓ los cuerpos geométricos que forman las esculturas de arriba.

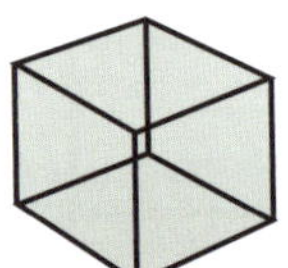 

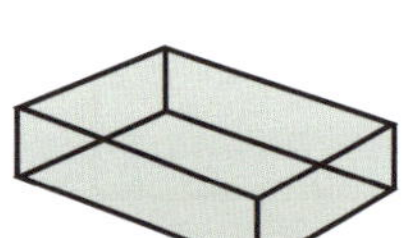 

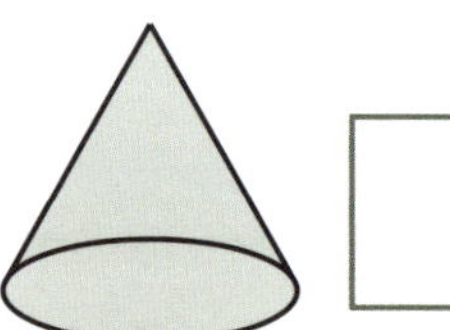

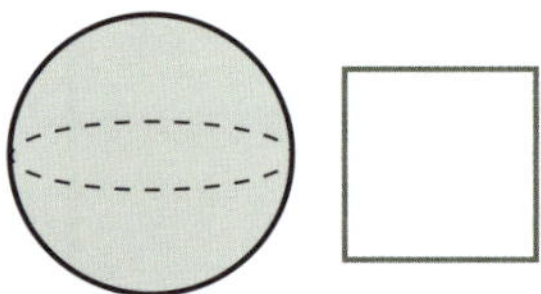

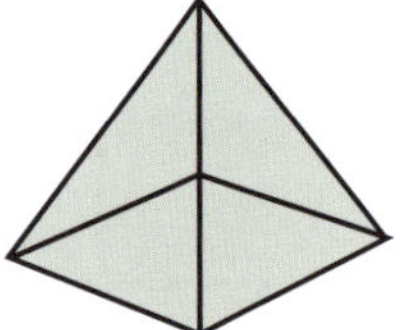 

2

Escribe el nombre de los cuerpos geométricos que se muestran aquí.

a) 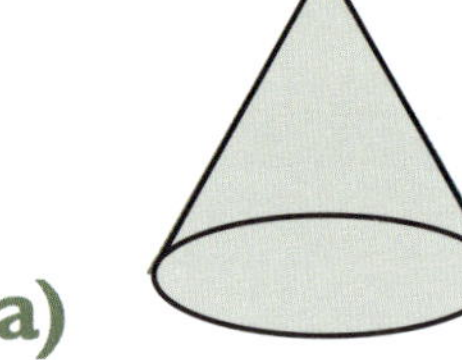

b) 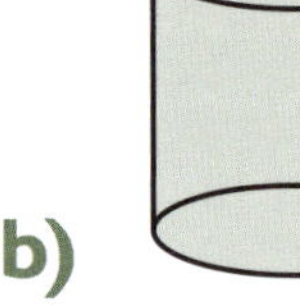

c) 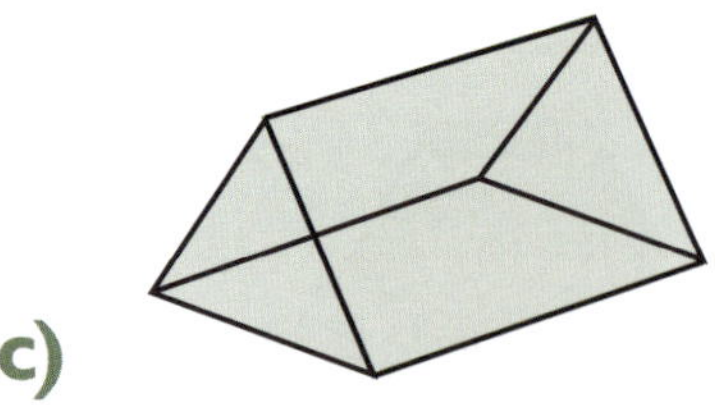

....

En la mansión, reina un sorprendente silencio. Algunas habitaciones están casi vacías, pero otras contienen unos objetos extraños y maravillosos que tienen toda clase de formas. Mientras Cali explora, contesta la siguiente pregunta.

3

Completa esta tabla. Escribe el nombre y el número de caras, aristas y vértices que tiene cada figura. Los vértices son los puntos o las esquinas de una figura, el lugar donde se encuentran dos aristas.

Figura	Nombre	Caras	Aristas	Vértices
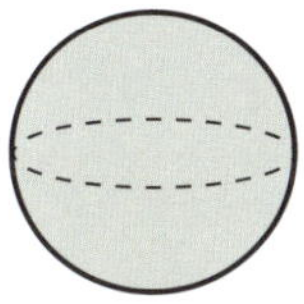				
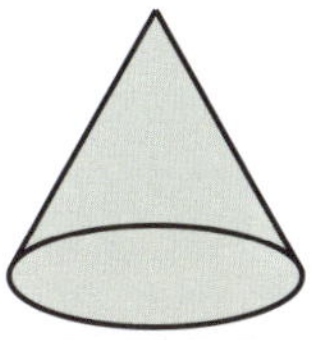				
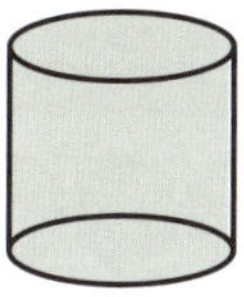				
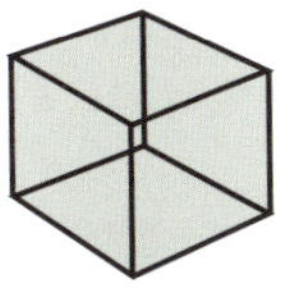				
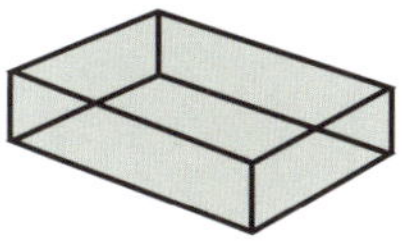				
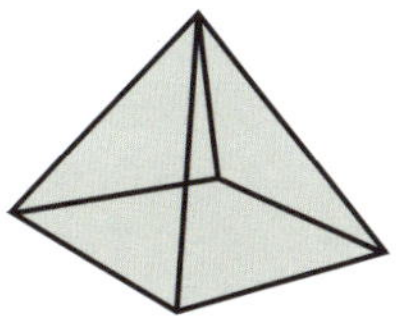				

COLOREA LAS ESMERALDAS QUE HAYAS GANADO

MOSAICOS

Cali contempla con admiración el mosaico que hay en un suelo de colores, ya que, gracias a él, la habitación resulta más acogedora. Otras habitaciones tienen mosaicos en las paredes.

1

Contempla el mosaico del suelo de esta habitación de la mansión del bosque. Fíjate en los diferentes bloques o teselas que se han usado para darle forma.

A este mosaico le faltan seis bloques (son los que están en blanco).

Pinta los bloques con el color adecuado para completar el mosaico.

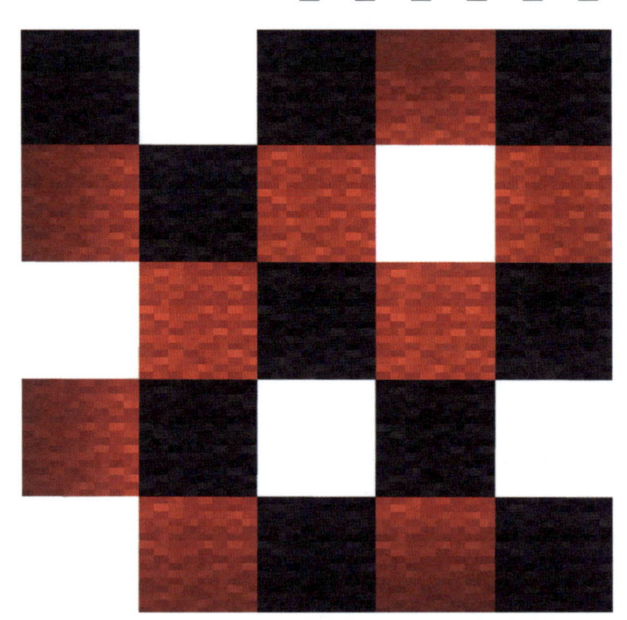

2

Contempla el mosaico de esta pared de la mansión del bosque. Fíjate en los diferentes bloques que se han usado para darle forma.

A este mosaico le faltan seis bloques (son los que están en blanco).

Pinta los bloques con el color adecuado para completar el mosaico.

Tras haber estado abriendo puertas y mirando habitaciones durante un buen rato, Cali llega a un jardín interior donde abundan las sandías, las calabazas y otros cultivos. Alguien ha debido de plantarlos ahí.

3

Contempla el mosaico de este tejado de la mansión del bosque. Fíjate en los diferentes bloques que se han usado para darle forma.

A este mosaico le faltan seis bloques (son los que están en blanco).

Pinta los bloques con el color adecuado para completar el mosaico.

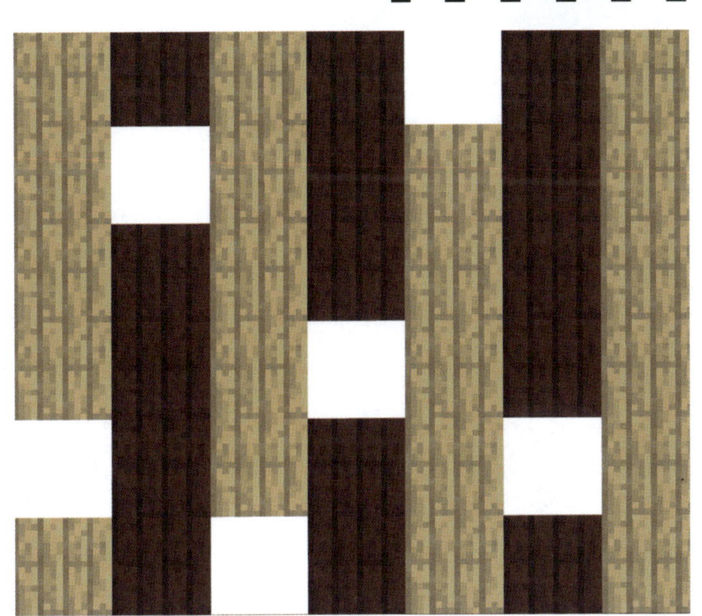

La mansión también cuenta con una granja, en la que crecen distintos cultivos.

4

Contempla el mosaico de esta granja. Fíjate en los diferentes cultivos que se han plantado.

A este mosaico le faltan seis bloques (son los que están en blanco).

Dibuja y pinta los cultivos con el color adecuado para completar el mosaico.

COLOREA LAS ESMERALDAS QUE HAYAS GANADO

SERIES LÓGICAS

Cerca de la pared de atrás, Cali halla unas zonas donde han cultivado champiñones y flores. Se fija en que están plantados siguiendo unas secuencias. Cuando los está examinando más de cerca, alguien le da unas palmaditas en el hombro...

1

Fíjate en esta serie de champiñones y helechos. La serie va de izquierda a derecha.

Dibuja y colorea los tres champiñones y helechos siguientes.

2

Fíjate en esta serie. La serie va de izquierda a derecha.

Dibuja y colorea las tres flores siguientes.

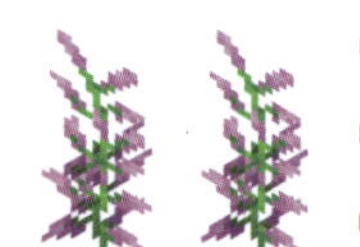

¡Cali se gira y se topa con un evocador furioso! De repente, del suelo brota una hilera de espinas. Cali echa a correr trazando un círculo estrecho alrededor del evocador mientras lo ataca con su espada. El evocador cae y suelta algo brillante. Ha llegado la hora de escapar. Pero esta mansión es una especie de laberinto.

3

Los colores de las puertas que Cali cruza a todo correr parecen formar una serie, ¿no?

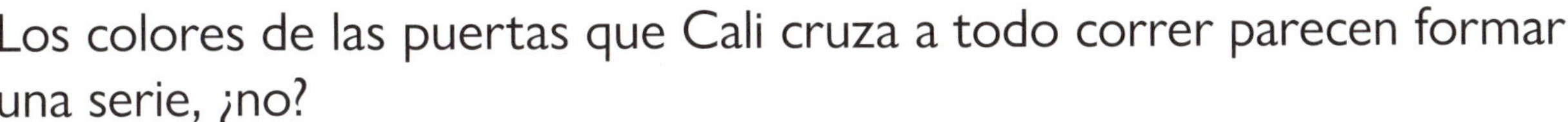

¿Esta serie es correcta? ¿Cómo puedes saberlo? ....

....

4

En la cuadrícula de abajo, inventa y dibuja tu propia serie. No debe contener más de tres figuras distintas.

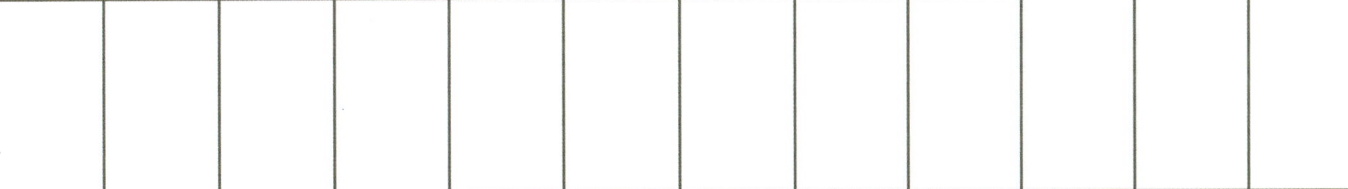

COLOREA LAS ESMERALDAS QUE HAYAS GANADO

UN CUARTO DE VUELTA, MEDIA VUELTA O UNA VUELTA COMPLETA

Cali intenta hallar la salida de la mansión. ¡Pero todo es tan confuso! Ayúdala a girar en la dirección correcta por estos pasillos.

Fíjate en este dibujo para contestar las preguntas 1 a 3.

Estantería

Calabaza iluminada

Maceta

Tocadiscos

Antorcha

Cali está mirando hacia la maceta.

a) Cali gira una vuelta completa. Ahora está mirando hacia ....

b) Cali gira media vuelta. Ahora está mirando hacia ....

c) Cali gira un cuarto de vuelta a la derecha.

Ahora está mirando hacia ....

d) Cali gira un cuarto de vuelta a la izquierda.

Ahora está mirando hacia ....

Algunos vindicadores (unos maldeanos armados con hachas de hierro) la están persiguiendo. Indica correctamente a Cali por dónde debe ir para ayudarla a mantenerse siempre un paso por delante de sus perseguidores.

Cali quiere ir de la maceta a la calabaza iluminada.

Con una regla, dibuja la posible ruta que podría seguir en la cuadrícula de la página 52. Ten en cuenta que solo puede desplazarse hasta una casilla contigua de la cuadrícula que esté directamente arriba, abajo, a la izquierda o a la derecha.

Desde su posición inicial, que se muestra en el diagrama de la página 52, Cali se desplaza hasta la casilla donde está el tocadiscos. Desde el tocadiscos, se desplaza después hasta la casilla de la estantería.

Para describir esos movimientos, escoge adecuadamente las expresiones que aparecen en la casilla de abajo.

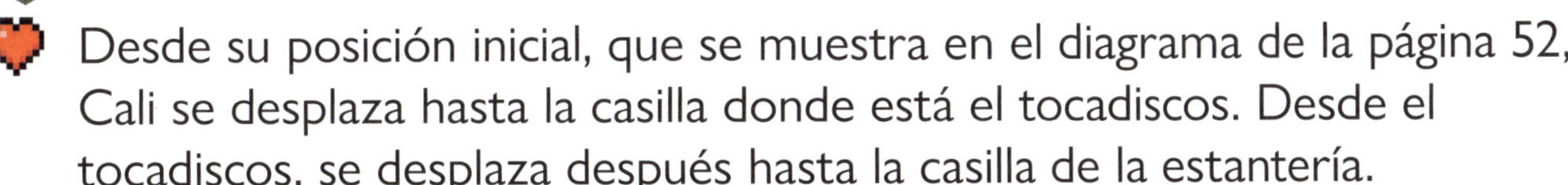

adelante atrás izquierda derecha

una vuelta completa media vuelta un cuarto de vuelta

en el sentido de las agujas del reloj

en el sentido contrario a las agujas del reloj

....

....

....

....

....

....

COLOREA LAS ESMERALDAS QUE HAYAS GANADO

DATOS E INFORMACIÓN

Cali por fin sale de la mansión y corre hasta llegar a un lugar seguro. Entonces, mira lo que se ha llevado. Si hubiera sabido que allí vivía alguien no se hubiera llevado nada.

1

En este dibujo, puedes ver los diferentes objetos que Cali se ha logrado llevar.

Fíjate bien en él y escribe en la siguiente tabla cuántas unidades de cada objeto se ha llevado.

Objeto	Cantidad
Libros	
Bolas de limo	
Cañas de pescar encantadas	
Zanahorias doradas	
Pistones adhesivos	
Fuegos artificiales	

2

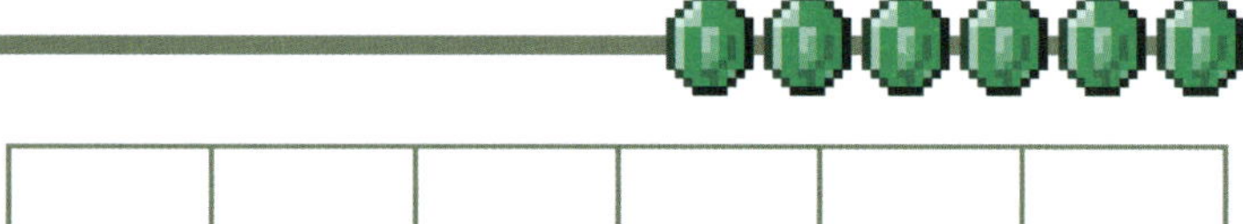

Completa este gráfico de barras para que muestre los datos de la pregunta 1. Sombrea las casillas del gráfico para indicar el número de objetos que se llevó. Acuérdate de comprobar la escala.

8						
6						
4						
2						

3

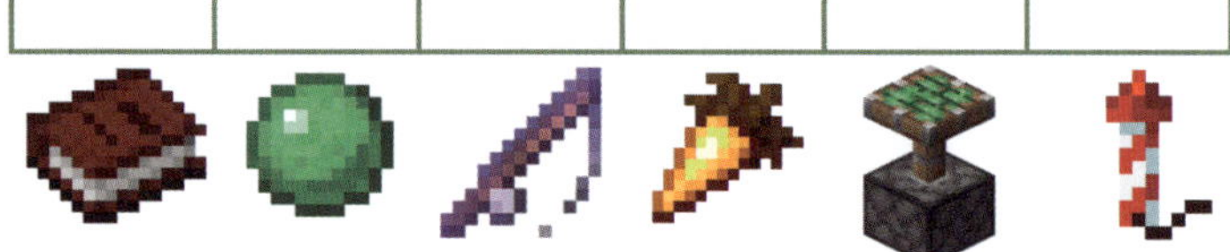

Contesta estas preguntas sobre los datos que has recopilado en las preguntas 1 y 2.

a) Cali se ha llevado más zanahorias doradas que libros. ¿Cuántas más?

b) ¿Cuántos objetos se ha llevado en total?

COLOREA LAS ESMERALDAS QUE HAYAS GANADO

RESUMEN DE LA AVENTURA

POR LOS PELOS

Cali por fin deja atrás el bosque. Tras haber huido de los maldeanos, está exhausta. Si hubiera sabido que vivían ahí, ni se habría acercado... al menos no sin haberse preparado antes para combatir.

LA ESTATUA MISTERIOSA

Cali se ha llevado varios objetos. En un primer momento, se siente mal por habérselos llevado, pero luego cae en la cuenta de que seguramente los maldeanos los habían robado. ¿Será capaz de localizar a los dueños de algunos de estos objetos para devolvérselos? Uno de ellos es una estatua misteriosa; quizá Jacob sepa qué es.

UNA PIEZA DE UN VALOR INCALCULABLE

Con solo echar un vistazo a la estatua, Jacob sabe al instante qué es. Es un tótem de la inmortalidad. Se trata de un objeto mágico muy raro de ver que solo se encuentra en las mansiones del bosque. Si la persona que lo sostiene muere, resucitará... pero solo una vez. Cali lo va a poner a buen recaudo en su inventario por si le hace falta en su próxima aventura.

RESPUESTAS

Página 5

1 8 [1 esmeralda]
2 Verdad [1 esmeralda]
3 **a)** Impar [1 esmeralda]
b) Par [1 esmeralda]
c) Impar [1 esmeralda]

Páginas 6–7

1 10 [1 esmeralda]
2 **a)** 15 [1 esmeralda]
b) 5 [1 esmeralda]
3 25 [1 esmeralda]
4 50 [1 esmeralda]

Páginas 8–9

1 21; 48; 59; 80; 93 [1 esmeralda cada uno]
2 **a)** 74 [1 esmeralda]
b) 80 [1 esmeralda]
c) 86 [1 esmeralda]
3 **a)** 37 [1 esmeralda]
b) 30 [1 esmeralda]
c) 25 [1 esmeralda]

Páginas 10–11

1

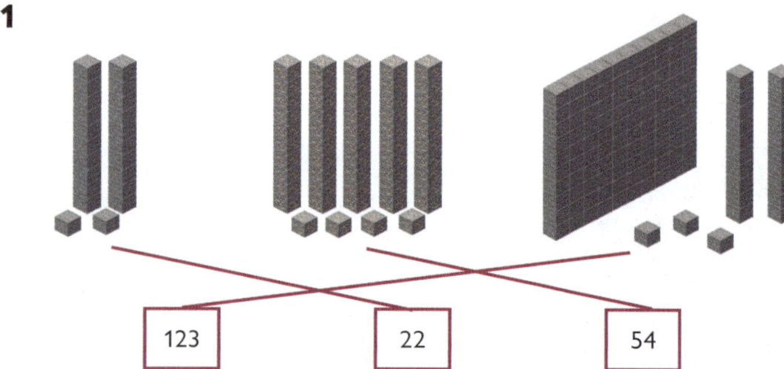

[1 esmeralda cada uno]

2 **a)** 49 [1 esmeralda]
b) 261 [1 esmeralda]
3 **a)**

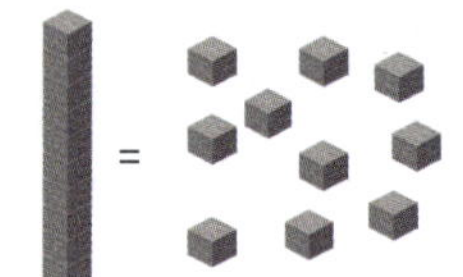

1 unidad = ▪ 1 decena = 10 unidades

b)

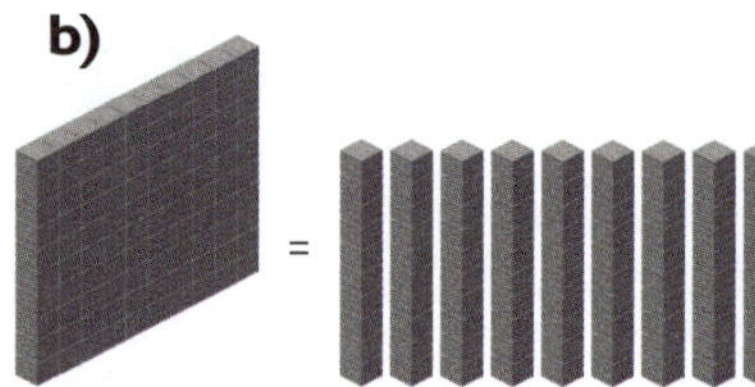

1 centena (C) = 10 decenas (D) = 100 unidades (U)
[1 esmeralda cada uno]

4 Centenas: 2
Decenas: 6
Unidades: 0 [1 esmeralda]

Páginas 12–13

5 Total bloques de adoquín: 398
Centenas: 3
Decenas: 9
Unidades: 8 [1 esmeralda]
Total bloques de hormigón: 216
Centenas: 1
Decenas: 11
Unidades: 6 [1 esmeralda]
Total bloques de granito: 97
Centenas: 0
Decenas: 8
Unidades: 17 [1 esmeralda]
6 **a)** = [1 esmeralda]
b) > [1 esmeralda]
c) < [1 esmeralda]
7 < [1 esmeralda]

Páginas 14–15

1 Flechas normales = 16 [1 esmeralda]
Pociones de veneno = 2 [1 esmeralda]
2 **a)** 2; 2; 2 [1 esmeralda]
b) 16; 16; 16 [1 esmeralda]
3 12; 12; 12 [1 esmeralda]
4 **a)** 66 **b)** 32 [1 esmeralda cada uno]
5 **a)** 90 **b)** 72 [1 esmeralda cada uno]

Página 16

1 **a)** 64 **b)** 24 [1 esmeralda cada uno]
2 **a)** 42 **b)** 74 [1 esmeralda cada uno]

Página 19

1 **a)** (10 + 80) + (4 + 5) = 90 + 9 = 99 [1 esmeralda]
b) (400 + 500) + (80 + 0) + (4 + 2)
= 900 + 80 + 6 = 986 [1 esmeralda]
2 **a)** 39 **b)** 46 [1 esmeralda cada uno]

Páginas 20–21

1 **a)** 89 **b)** 95 **c)** 108 **d)** 58
[1 esmeralda cada uno]
2 **a)** 928 **b)** 897 **c)** 899 **d)** 719
[1 esmeralda cada uno]
3 **a)** 84 **b)** 95 **c)** 151 **d)** 121 **e)** 114 **f)** 141
[1 esmeralda cada uno]
4 **a)** 792 **b)** 876 **c)** 860 **d)** 608 **e)** 611 **f)** 981
[1 esmeralda cada uno]

5 **a)** 448 + 211 = 659 **[1 esmeralda]**
b) 532 + 259 = 791 **[1 esmeralda]**
c) 327 + 437 = 764 **[1 esmeralda]**
d) 607 + 298 = 905 **[1 esmeralda]**

Páginas 22–23

1 **a)** 84 **b)** 42 **c)** 56 **d)** 41
[1 esmeralda cada uno]

2 **a)** 434 **b)** 113 **c)** 151 **d)** 141
[1 esmeralda cada uno]

3 **a)** 35 **b)** 77 **c)** 18 **d)** 35 **e)** 15 **f)** 38
[1 esmeralda cada uno]

4 **a)** 634 **b)** 206 **c)** 181 **d)** 338 **e)** 12 **f)** 92
[1 esmeralda cada uno]

5 **a)** 55 – 44 = 11 **[1 esmeralda]**
b) 84 – 42 = 42 **[1 esmeralda]**
c) 634 – 230 = 404 **[1 esmeralda]**
d) 579 – 242 = 337 **[1 esmeralda]**

Páginas 24–25

1 **a)** 1.100 **[1 esmeralda]**
b) 90 **[1 esmeralda]**
c) 780 **[1 esmeralda]**
d) 500 **[1 esmeralda]**

2 **a)** 250 + 150 + 20 = 420 **[1 esmeralda]**
b) 500 – 150 – 100 = 250 **[1 esmeralda]**
c) 300 + 200 = 500 **[1 esmeralda]**
d) 660 – 560 = 100 **[1 esmeralda]**

3 **a)** 20 **b)** 75 **[1 esmeralda cada uno]**

4 **a)** 121 – 63 = 58 o 121 – 58 = 63 **[1 esmeralda]**
b) 128 + 129 = 257 **[1 esmeralda]**
c) 28 ÷ 2 = 14 **[1 esmeralda]**
d) 9 × 2 = 18 **[1 esmeralda]**

5 **a)** Cualquier respuesta aproximada adecuada, cálculo correcto: 998 y cualquier operación inversa adecuada **[3 esmeraldas]**
b) Cualquier respuesta aproximada adecuada, cálculo correcto: 442 y cualquier operación inversa adecuada **[3 esmeraldas]**

Página 26

1 Oscar está equivocado; tiene 90 puntos más
[1 esmeralda]

2 **a)** Cualquier respuesta aproximada adecuada, cálculo correcto: 932 y cualquier operación inversa adecuada **[3 esmeraldas]**
b) Cualquier respuesta aproximada adecuada, cálculo correcto: 73 y cualquier operación inversa adecuada
[3 esmeraldas]

Páginas 29–30

1 **a)** 2 en punto **[1 esmeralda]**
b) 7 menos cuarto **[1 esmeralda]**
c) 5 y media **[1 esmeralda]**
d) 9 y cuarto **[1 esmeralda]**

2 **a)** 60 minutos **[1 esmeralda]**
b) 120 minutos **[1 esmeralda]**
c) 30 minutos **[1 esmeralda]**
d) 15 minutos **[1 esmeralda]**
e) 45 minutos **[1 esmeralda]**

3

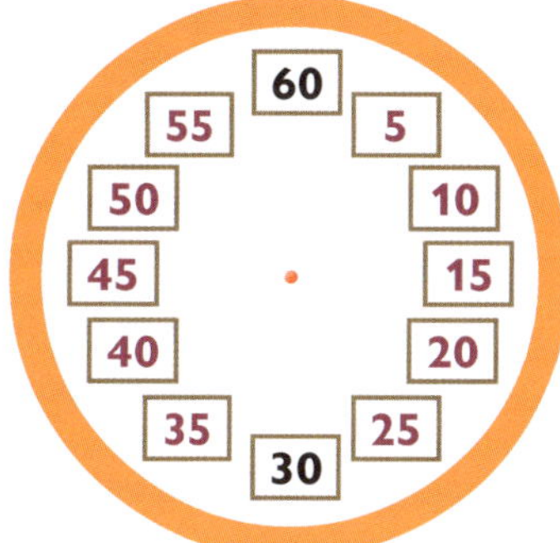

[1 esmeralda cada uno]

4 20 minutos **[1 esmeralda]**

Página 31

5 Hay que rodear las horas de la siguiente manera (de izquierda a derecha, desde arriba):
4 y media **[1 esmeralda]**
7 en punto **[1 esmeralda]**
1 menos cuarto **[1 esmeralda]**
9 y media **[1 esmeralda]**

6

[1 esmeralda cada uno]

Páginas 32–33

1 **a)** 5 € **[1 esmeralda]**
b) 10 € **[1 esmeralda]**
c) 50 cént. **[1 esmeralda]**
d) 20 cént. **[1 esmeralda]**
e) 2 cént. **[1 esmeralda]**
f) 1 cént. **[1 esmeralda]**

2 Cualquier combinación de billetes y monedas que sume 17,55 euros
Ejemplo: un billete de 10 €, un billete de 5 €, cinco monedas de 50 cént. y una moneda de 5 cént.
[1 esmeralda por 17 € y 1 esmeralda por 55 cént.]

3 **a)** 53,52 €
b) 5,30 €
c) 104,55 €
d) 25,45 € **[1 esmeralda cada uno]**

4 **a)** 7,52 €
b) 14,93 €
c) 12,44 €
d) 19,87 € **[1 esmeralda cada uno]**

Página 34

1 5 cm **[1 esmeralda]**
2 375 g **[1 esmeralda]**
3 **a)** 3 litros
b) 1.750 ml **[1 esmeralda cada uno]**

Página 35

1 **a)** 1 **[1 esmeralda]**
b) 1 m **[1 esmeralda]**
2 **a)** 4; 4 m **[1 esmeralda cada uno]**
b) 6; 6 m **[1 esmeralda cada uno]**
3 **a)** 6 cm **[1 esmeralda]**
b) 8 cm **[1 esmeralda]**

Páginas 36–37

1 **a)** más pesado **[1 esmeralda]**
b) más ligero **[1 esmeralda]**
2 **a)** 450 g **[1 esmeralda]**
b) 800 g **[1 esmeralda]**
3 **a)** la mitad **[1 esmeralda]**
b) llena **[1 esmeralda]**
c) vacío **[1 esmeralda]**
d) cuatro **[1 esmeralda]**
e) tres **[1 esmeralda]**
4 **a)** La jarra debe estar coloreada hasta la marca de los 350 ml **[1 esmeralda]**
b) La jarra debe estar coloreada hasta la marca de los 850 ml **[1 esmeralda]**

Páginas 38–39

1 **a)** 300 cm = 3 m; 1 km 500 m = 1.500 m; 30 mm = 3 cm **[1 esmeralda]**
b) 3.000 ml = 3 l; 500 ml = 0,5 l; 5.000 ml = 5 l; 30.000 ml = 30 l **[1 esmeralda]**
c) 3 kg = 3.000 g; 2 kg 500 g = 2.500 g; 3 kg 500 g = 3.500 g; 2 kg 50 g = 2.050 g **[1 esmeralda]**

2 **a)** 3 km
b) 2 kg
c) 5 l **[1 esmeralda cada uno]**

3 3 cm y 7 mm < 35 cm y 7 mm < 3 m y 7 cm < 317 cm **[1 esmeralda]**

4 Masas de izquierda a derecha: 100 g; 8 kg; 2,5 kg; 900 g **[1 esmeralda cada una]**
Ordenadas: 100 g < 900 g < 2,5 kg < 8 kg **[1 esmeralda]**

Página 40

1 45 m (moviéndose hacia arriba y luego a la derecha) **[1 esmeralda]**
Otras distancias calculadas (46 m y 54 m) **[1 esmeralda cada una]**

Páginas 43–44

1 **a)** 1 **[1 esmeralda]**
b) 10 **[1 esmeralda]**
c) 2 **[1 esmeralda]**
d) 2 **[1 esmeralda]**
e) 1 **[1 esmeralda]**
f) 1 **[1 esmeralda]**
g) 1 **[1 esmeralda]**
h) 1 **[1 esmeralda]**

2

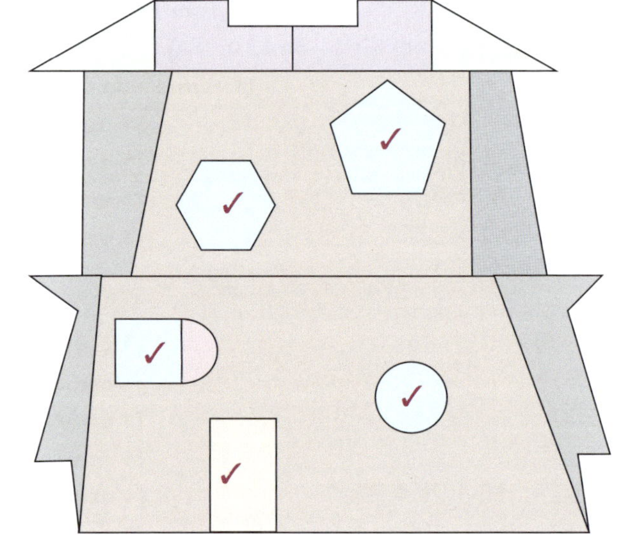

[1 esmeralda cada uno]

Página 45

3 La tabla se completa de la siguiente forma:

Figura	Lados	Vértices	¿Es simétrica?	
	1	0	✓	**[1 esmeralda]**
	3	3	✓	**[1 esmeralda]**
	4	4	✓	**[1 esmeralda]**
	4	4	✓	**[1 esmeralda]**
	2	2	✗	**[1 esmeralda]**
	5	5	✓	**[1 esmeralda]**
	6	6	✓	**[1 esmeralda]**

Páginas 46–47

1 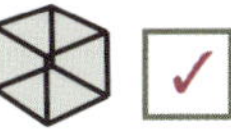 ✓  ✓ 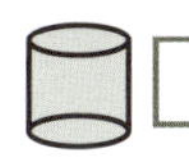 ☐ 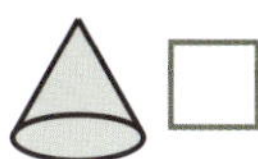 ☐

 ✓ 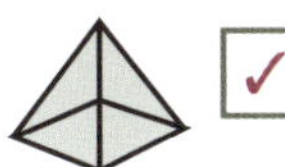 ✓  ☐

[1 esmeralda cada uno]

2 **a)** Cono **[1 esmeralda]**

b) Cilindro **[1 esmeralda]**

c) Prisma triangular **[1 esmeralda]**

3 La tabla se completa de la siguiente forma:

Figura	Nombre	Caras	Aristas	Vértices	
	Esfera	1	0	0	**[1 esmeralda]**
	Cono	2	1	1	**[1 esmeralda]**
	Cilindro	3	2	0	**[1 esmeralda]**
	Cubo	6	12	8	**[1 esmeralda]**
	Hexaedro	6	12	8	**[1 esmeralda]**
	Pirámide (base cuadrada)	5	8	5	**[1 esmeralda]**
	Prisma triangular	5	9	6	**[1 esmeralda]**

Páginas 48–49

1

[1 esmeralda por cada color completado correctamente]

2 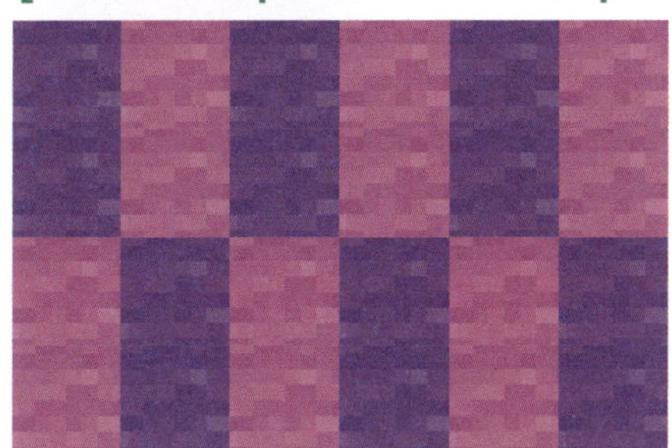

[1 esmeralda por cada color completado correctamente]

3 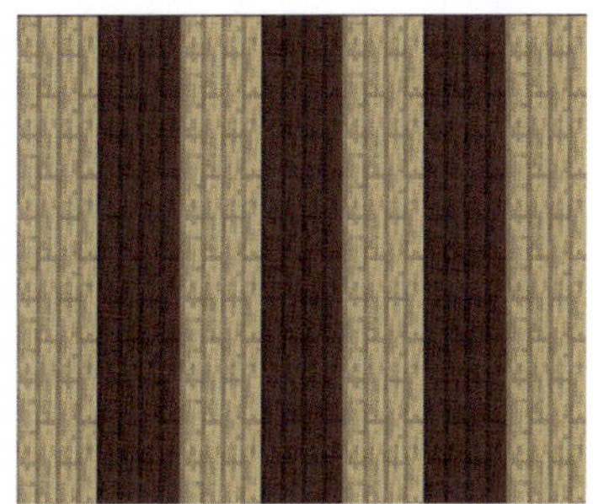

[1 esmeralda por cada color completado correctamente]

4 

[1 esmeralda por cada color completado correctamente]

Páginas 50–51

1 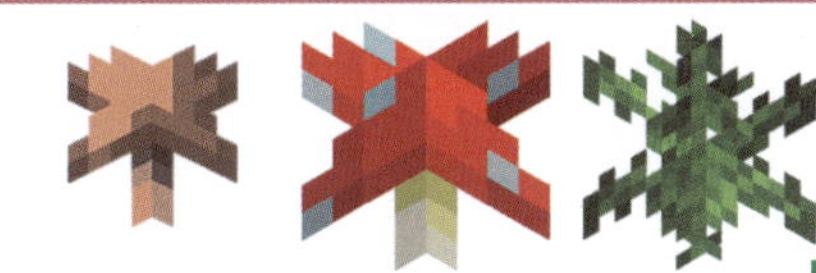

[1 esmeralda cada uno]

2 

[1 esmeralda cada uno]

3 La serie no es correcta. **[1 esmeralda]**
Hay que intercambiar la posición de las dos últimas puertas de la derecha **[1 esmeralda cada uno]**

4 Cualquier secuencia repetitiva adecuada en la que no se utilicen más de tres figuras distintas **[1 esmeralda]**

Páginas 52–53

1 **a)** maceta **[1 esmeralda]**

b) tocadiscos **[1 esmeralda]**

c) calabaza iluminada **[1 esmeralda]**

d) estantería **[1 esmeralda]**

2 Cualquier ruta adecuada que se dibuje desde la maceta hasta la calabaza iluminada que conlleve un desplazamiento a las casillas situadas directamente arriba, abajo, a la izquierda o a la derecha **[1 esmeralda]**

3 Cualquier respuesta adecuada que lleve a Cali desde su posición inicial hasta el tocadiscos primero y por último a la estantería.

Ejemplo:

Cali se gira 180 grados. Avanza 3 casillas. Luego, gira 90 grados en el sentido de las agujas del reloj y avanza 3 casillas. Después, gira otra vez 90 grados en el sentido de las agujas del reloj y avanza 3 casillas.

[1 esmeralda por cada movimiento correcto hasta un máximo de 5]

Página 54

1

Objeto	Cantidad
Libros	3
Bolas de limo	4
Cañas de pescar encantadas	2
Zanahorias doradas	6
Pistones adhesivos	1
Fuegos artificiales	3

[1 esmeralda por cada cantidad correcta]

2

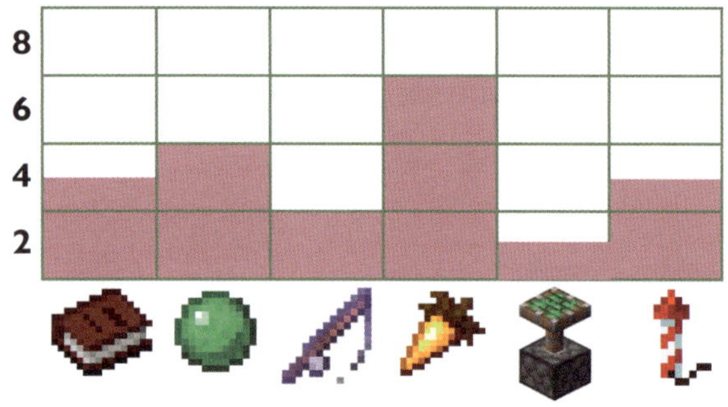

8
6
4
2

[1 esmeralda por cada barra correcta]

3 **a)** 3 **[1 esmeralda]**

b) 19 **[1 esmeralda]**

DESCUBRE NUESTRA COLECCIÓN OFICIAL DE LIBROS SOBRE MINECRAFT:

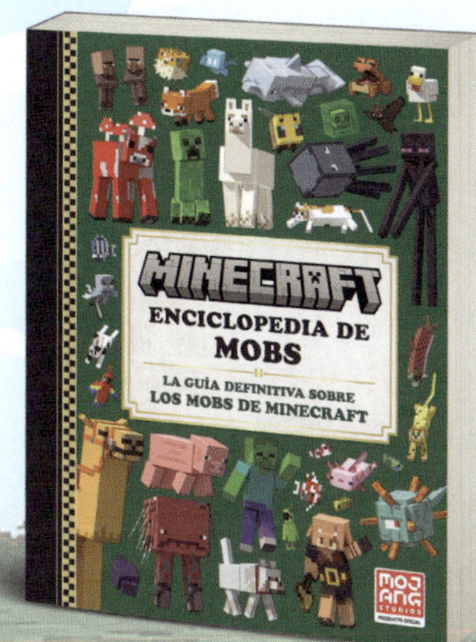
MINECRAFT
ENCICLOPEDIA DE MOBS
LA GUÍA DEFINITIVA SOBRE LOS MOBS DE MINECRAFT

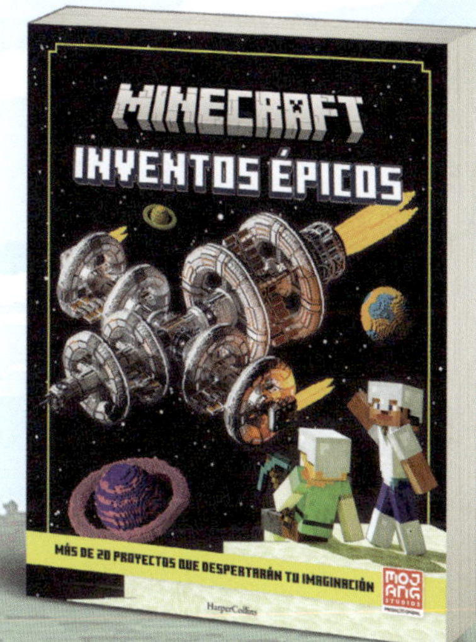
MINECRAFT
INVENTOS ÉPICOS
MÁS DE 20 PROYECTOS QUE DESPERTARÁN TU IMAGINACIÓN

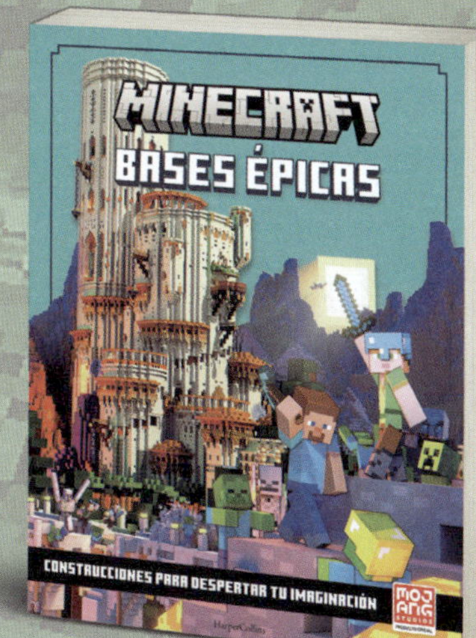
MINECRAFT
BASES ÉPICAS
CONSTRUCCIONES PARA DESPERTAR TU IMAGINACIÓN

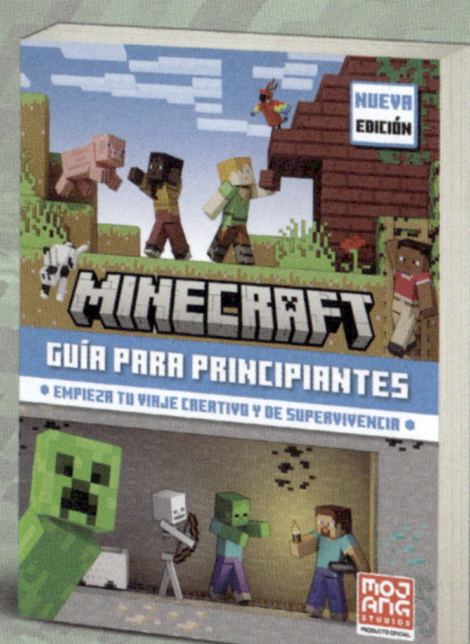
NUEVA EDICIÓN
MINECRAFT
GUÍA PARA PRINCIPIANTES
EMPIEZA TU VIAJE CREATIVO Y DE SUPERVIVENCIA

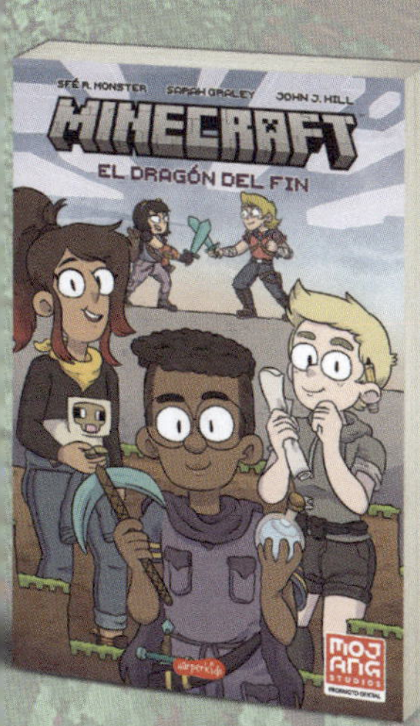
MINECRAFT
EL DRAGÓN DEL FIN

MINECRAFT
AVENTURAS EN EL REINO ETERNO

MINECRAFT
EL PORTAL EN RUINAS

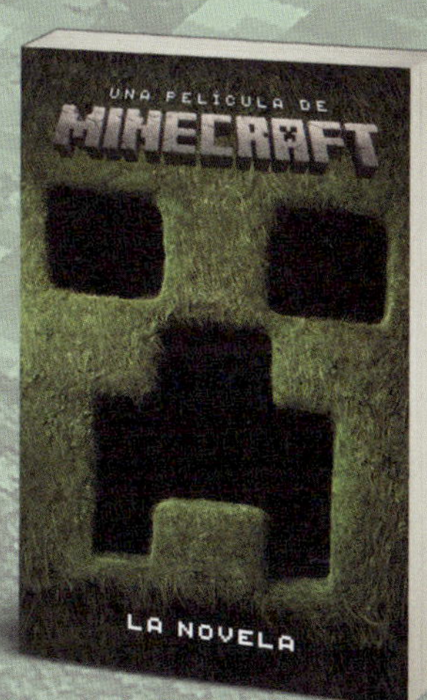
UNA PELÍCULA DE
MINECRAFT
LA NOVELA

¡CANJEA TUS ESMERALDAS!

¡Te felicitamos por haber ayudado a nuestros cuatro héroes en sus aventuras! Por el camino, has ganado muchas esmeraldas al responder unas cuantas preguntas complicadas. Este comerciante está esperando a que te gastes tus gemas. Imagínate que te vas a embarcar en tu propia aventura. Canjea tus esmeraldas con este mercader para que te dé las cosas que vas a necesitar. ¿Qué elegirás?

Si tienes suficientes esmeraldas, podrás comprar varias unidades de algunos artículos.

Pídele a un adulto que te ayude a contar todas tus esmeraldas y escribe el resultado de la suma en esta casilla.

¿HUM?

INVENTARIO DE LA TIENDA

- CORAZA DE HIERRO: 15 ESMERALDAS
- MALLAS DE HIERRO: 12 ESMERALDAS
- CASCO DE HIERRO: 8 ESMERALDAS
- BOTAS DE HIERRO: 6 ESMERALDAS
- CORAZA DE DIAMANTE: 30 ESMERALDAS
- MALLAS DE DIAMANTE: 24 ESMERALDAS
- CASCO DE DIAMANTE: 16 ESMERALDAS
- BOTAS DE DIAMANTE: 12 ESMERALDAS
- ESCUDO: 20 ESMERALDAS
- CAMPANA: 5 ESMERALDAS
- CORAZA DE HIERRO ENCANTADA: 25 ESMERALDAS
- BOTAS DE HIERRO ENCANTADAS: 10 ESMERALDAS
- BOTAS DE DIAMANTE ENCANTADAS: 20 ESMERALDAS
- CORAZA DE DIAMANTE ENCANTADA: 50 ESMERALDAS
- MALLAS DE DIAMANTE ENCANTADAS: 40 ESMERALDAS

Oh, tienes muchas esmeraldas. ¡Estupendo! Recuerda que, al igual que ocurre con el dinero real, no hace falta que te lo gastes todo. A veces, es bueno ahorrar.